OLIVIER TORRÈS
LES   PME

D1140326

Un exposé pour comprendre
Un essai pour réfléchir

DOMINOS
Flammarion

Olivier Torrès. Ancien élève de l'École normale supérieure de Cachan, agrégé en économie/gestion, Olivier Torrès est actuellement maître de conférences à l'université Paul-Valéry de Montpellier. Il est membre de l'équipe de recherche sur la firme et l'industrie (ERSI) et ses travaux ont trait à la gestion des PME et plus particulièrement au management international. Il a coordonné un ouvrage collectif paru chez Economica en 1998, *PME : de nouvelles approches*.

© Flammarion 1999
ISNB : 2-08-035595-3
Imprimé en France

Sommaire

La première fois qu'apparaît un mot
relevant d'un vocabulaire spécialisé, explicité
dans le glossaire, il est suivi d'un *

Avant-propos

À écouter de nombreux analystes depuis deux décennies, la PME est parée de toutes les vertus : dynamisme, réactivité, souplesse, flexibilité... Il est vrai que tous ces traits s'avèrent, en période de crise, des atouts majeurs. Cette entreprise à « ambiance conviviale » constitue le vivier sur lequel toutes les sociétés modernes doivent s'appuyer pour transformer le capitalisme de masse, hérité du modèle taylorien-fordiste, ou le socialisme d'État, hérité du modèle marxiste, en un capitalisme entrepreneurial. La PME, c'est l'entreprise qui investit, qui embauche, qui innove... En somme, « *Small is beautiful* » !

Et pourtant, la PME n'existe pas. La diversité des cas est telle qu'il convient mieux de dire *les* PME. Le monde des PME est foisonnant de variétés. Il est difficile d'en donner une seule image tant les représentations diffèrent selon les pays, les régimes politiques, les niveaux de développement économique. Cette diversité explique la grande difficulté que les chercheurs ont éprouvée lorsqu'il s'est agi de théoriser le phénomène du *Small is beautiful*. Il n'y a de science que du général disait, autrefois Aristote. D'où l'importance de la clarification de cette diversité pour tenter de définir précisément les contours de cette PME. Mais la généralisation n'est souhaitable que si elle laisse place à un cadre théorique susceptible de se soumettre à l'épreuve des faits et des arguments. La vision idyllique de la PME doit être doublement relativisée.

La réalité de la vie dans les PME est parfois très éloignée de l'image d'Épinal d'entreprise à « taille humaine ». Les dirigeants omniprésents, voire omnipotents, ne laissent souvent qu'un faible espace d'autonomie et d'initiative à leurs proches collaborateurs et employés. Les PME sont aussi des entreprises fragiles dont la pérennité et la survie demeurent des problèmes constants (sous-capitalisation, vulnérabilité, dépendance…). En fait, « *Small is difficult* » ! Fonder une économie sur le modèle entrepreneurial présente donc des risques de précarité mais aussi des risques d'inadaptabilité. En effet, les évolutions actuelles induisent des modes de gestion qui vont à l'encontre des spécificités de la PME. La tendance à la mondialisation des marchés et de la concurrence exige des pratiques d'excellence : l'échange de données informatisé (EDI*), la production en juste-à-temps (JAT*), la certification-qualité*, l'accès au marché des capitaux sont autant de pratiques qui, jusqu'alors réservées aux seules firmes multinationales, se propagent désormais au sein des entreprises de petite et moyenne dimensions. Ces dernières doivent alors mettre en place des modes de management qui substituent le formel à l'informel, la procédure au processus, la planification à l'intuition, l'écrit à l'oral, l'interdépendance à l'indépendance c'est-à-dire des modes de management qui sont souvent synonymes de perte d'identité pour la PME.

Pierre Poujade.
Les PME en France,
comme ailleurs dans le monde,
présentent de multiples visages.
A l'image résolument sociale
et moderne du mouvement progressiste
du CJD (Centre des jeunes
dirigeants) s'oppose une vision
parfois plus passéiste et réactionnaire.
Pierre Poujade a dans les années
50 incarné le visage de la colère
des petits commerçants et artisans
qui se sentaient à l'écart
des grandes évolutions
socio-économiques de leur époque.
Ph. © Keystone.

Diversité et spécificité des PME

Voyage en terre PME

L'enthousiasme suscité par les PME est devenu un phénomène mondial. Dans tous les pays du monde, quels que soient leurs régimes politiques ou les niveaux de développement économique et industriel, les PME sont considérées comme des entreprises aux multiples vertus : adaptabilité, flexibilité, créativité, ambiance de travail conviviale... Les causes de ce développement ne sont pas uniquement économiques. Ce mouvement exprime aussi une tendance profonde d'évolution de la société vers la renaissance des valeurs personnelles, le rejet du gigantisme, une aspiration à la décentralisation et à l'abandon des systèmes taylorisants. Même dans les pays à idéologie marxiste, où les PME ont longtemps été délaissées au profit des très grandes structures centralisées et étatiques, les entreprises de petite taille sont désormais au cœur des politiques de restructurations et de transitions vers l'économie de marché.

Le besoin de dissocier les PME des grandes entreprises n'est pas nouveau. La plupart des pays se sont attachés à distinguer les entreprises selon leur taille mesurée le plus souvent en termes d'effectif ou en montant de chiffre d'affaires. Toutefois, aucune délimitation ne s'est s'imposée. Alors qu'aux États-Unis une entreprise de cinq cents salariés est encore considérée comme une PME, en Belgique le seuil est fixé à deux cents et seulement à cent en Suisse. En ce qui concerne la France, la PME a été longtemps définie comme une entreprise de moins de cinq cents salariés. La mesure de la taille à l'aide du critère de l'effectif n'est pas non plus universelle. Par exemple, en Chine, ni le nombre de salariés, ni le chiffre d'affaires ne sont retenus. Le texte officiel retient la capacité de production et l'importance de l'outillage. Ces classifications complexes où l'homme est absent sont significatives des pays en situation de sous-production qui privilégient la quantité de production aux dépens de sa valeur marchande. A ce jour, il n'existe pas de définition unitaire de la PME dans le monde, ce qui rend parfois les comparaisons difficiles. C'est précisément pour cette raison que la Commission des communautés européennes a décidé d'harmoniser la définition de la PME à l'échelle des pays membres grâce à une recommandation*. Le *Journal officiel des Communautés européennes* du 30 avril 1996 définit la PME comme une entreprise indépendante financièrement, employant moins de deux cent cinquante salariés avec un chiffre d'affaires plafonné à quarante millions d'euros. Cette définition est en vigueur depuis le 1er janvier 1997.

Si l'on s'achemine vers une plus grande homogénéisation des définitions quantitatives de la PME, cela ne suffit pas pour comprendre son fonctionnement interne. Au-delà des différences d'effectif ou de chiffre d'affaires, il est nécessaire de pénétrer la « boîte noire », c'est-à-dire d'adopter une approche qualitative, si l'on veut cerner les spécificités de gestion des PME. L'approche qualitative présente l'avantage d'améliorer la compréhension que l'on peut avoir d'une PME. Elle est toutefois beaucoup plus sensible aux spécificités de chaque pays. Les valeurs et les images que l'on associe à la PME diffèrent selon les régions du monde et selon les modes de développement économique et politique.

Les PME dans les pays industrialisés

Dans les économies occidentales, deux images radicalement opposées coexistent.

La première image de la PME est celle d'une entreprise archaïque, cantonnée dans des activités en déclin (la petite exploitation familiale agricole, l'artisanat ou le petit commerce) et dont le niveau technologique est relativement faible. La PME apparaît ici comme une forme d'organisation héritée du passé et l'esprit qui anime les patrons de ces PME est conservateur et traditionaliste. On retrouve cette conception de la PME surtout dans les pays d'Europe du Sud, en Espagne, au Portugal, en Italie, et tout particulièrement en France.

Selon le directeur d'Euro-PME, Bertrand Duchéneaut, dans un ouvrage qu'il consacre exclusivement aux patrons de PME, le principal syndicat patronal français, anciennement CNPF (Conseil national du patronat français), aujourd'hui MEDEF (Mouvement des entreprises de France), a toujours sous-représenté les PME pour des raisons qui tiennent à la culture de ce syndicat, assez largement dominé par les grandes entreprises de la région parisienne. Cela explique pourquoi un mouvement syndical dissident propre au petit patronat s'est développé. C'est à la suite des accords de Matignon* de 1936 que, pour la première fois dans l'histoire du syndicalisme patronal français, les patrons de PME prennent conscience d'une certaine spécificité de leur groupe par rapport au patronat des grandes entreprises, auquel ils reprochent de céder à la pression des syndicats de travailleurs et des partis politiques de gauche, alors au pouvoir. Leur protestation conduit à la création, au sein de la Confédération générale de la production française (l'ancêtre du MEDEF), d'un Comité de la petite et moyenne industrie et du petit et moyen commerce qui devait se conclure en octobre 1944 par la création de la Confédération générale des PME (CGPME*). Léon Gingembre, père fondateur de la CGPME, insiste sur la distinction entre le « patronat de management », qui correspond à la grande entreprise, et le « patronat réel* », qui caractérise mieux le patron de PME qui engage ses propres capitaux, exerce une direction administrative et technique effective et assure avec son personnel des contacts directs et permanents.

A la même période, une poignée de jeunes dirigeants d'entreprise, ne trouvant pas à se faire entendre dans les milieux patronaux du moment, décident de créer le Centre des jeunes patrons qui deviendra en 1968 le Centre des jeunes dirigeants (CJD). Même si le critère d'adhésion au CJD n'est pas fondé sur la taille mais sur l'âge du dirigeant, cette association compte parmi ses adhérents plus de 90 % de dirigeants de PME. Le CJD, qui n'est pas un syndicat mais se présente comme un mouvement d'idées, s'est souvent défini comme le « poil à gratter » du CNPF et se caractérise par un discours volontairement social et humaniste puisque l'une de ses principales revendications est de « construire l'entreprise par et pour les hommes ». Toutefois, le caractère progressiste des réflexions du CJD ne reflète pas le discours dominant. La « voix » de la PME, c'est la CGPME qui l'incarne. Malgré les efforts de l'ancien CNPF et du récent MEDEF pour séduire les PME, la CGPME, forte d'un million et demi d'adhérents, représente auprès des gouvernements successifs l'organe principal de représentation et de défense des spécificités de la PME. Cet organisme n'a pas hésité à ses débuts à mobiliser les patrons de PME dans des actions parfois violentes. Cette image réactionnaire de la PME restera ancrée dans l'opinion française et sera même renforcée par l'épisode politique du mouvement contestataire conduit par Pierre Poujade et l'UDCA* (Union de défense des commerçants et artisans) qui défraya la chronique et bouscula les partis politiques de droite dans les années 50. Ce mouvement de défense des petits commerçants et artisans avait fondé son programme sur la préservation d'intérêts étroitement corporatistes et sur le refus d'une évolution socio-économique. Même si ce mouvement a disparu, cet épisode a fortement marqué les esprits et traduit aujourd'hui encore l'image individualiste et conservatrice que l'opinion se fait parfois du patron de PME en France.

Cette conception est sensiblement différente en Italie où il n'est pas rare de voir des patrons de PME adhérer au parti communiste italien (PCI), notamment dans les régions Nord-Est-Centre de l'Italie comme l'Émilie-Romagne ou la Toscane. Dans ces régions, le pouvoir politique a longtemps été géré par le PCI, ce qui a incité ce parti à adopter une politique réaliste et moins dogmatique de soutien à l'économie locale, composée pour la plupart d'artisans et de petites entreprises. Une autre particularité du système industriel italien est l'existence de districts industriels* qui se caractérisent par une forte concentration de PME qui tissent entre elles de véritables réseaux de coopération. Pour de nombreux économistes, il s'agirait là d'une forme originale de production combinant à la fois une forte spécialisation et une forte flexibilité, combinaison rendue possible grâce à la toute petite taille des entreprises et des relations partenariales qu'elles nouent entre elles. L'entrepreneur italien, inséré dans un tissu dense de relations d'interdépendance au sein du district industriel, est moins individualiste et indépendant que son homologue français. Mais la PME italienne présente, communément à la PME française, l'image d'une entreprise traditionnelle. Les régions Nord-Est-

TUILES EN CÉRAMIQUE
Sassuolo

TRICOTS
Carpi & Modène

LUMINAIRES
Castel Goffredo

MACHINES À BOIS
Carpi

BRIANZA Montebelluna

SIDÉRURGIE   Biella
Brescia   Brescia
          Valenza Po   Castel Goffredo
    Turin   Piacenza   Carpi
           Parma   Modena
             Sassuolo   Bologna
          Carrara   Prato

                Arezzo

CHAUSSURES DE SKI
Montebelluna

ÉQUIPEMENT POUR
L'INDUSTRIE ALIMENTAIRE
Bologne

MACHINES
DE CONDITIONNEMENT
Bologne

GRAPPE ALIMENTAIRE
Parme

ÉQUIPEMENTS
D'AUTOMATISATION
INDUSTRIELLE
Turin & Plaisance

AMEUBLEMENT
Région de Brianza

PIERRE/TRAVAIL DE LA PIERRE
Carrare

BIJOUTERIE
Arezzo & Valenza Po

LAINAGES
Biella & Prato

Source : Michaël Porter, *L'avantage concurrentiel des nations*,
Interéditions, 1993, p. 171.

Districts industriels italiens.

Centre sont d'anciennes régions agricoles qui se sont
industrialisées en s'appuyant précisément sur les
petites structures productives gérées selon des critères familiaux et issues de traditions agricoles et artisanales.

A cette conception traditionaliste où la PME est
perçue comme une survivance du passé, on peut
opposer une conception plus moderne. Ainsi, en
Allemagne, le concept de PME est plus connu sous le

19

terme de *Mittelstand**, qui signifie littéralement la classe moyenne. Ces entreprises de taille moyenne constituent le pilier de l'économie sociale de marché et symbolisent le principe de « responsabilité collective » cher aux entreprises germaniques. Dans les pays anglo-saxons, la PME est souvent associée à l'innovation, au dynamisme, à l'initiative privée, au goût du risque… C'est l'image de la PME high-tech, stéréotype de l'entreprise moderne par excellence, créatrice d'emplois et capable des plus grandes prouesses technologiques. On retrouve ici le modèle de la Silicon Valley en Californie, symbole de la révolution technologique californienne liée à la microélectronique et à la micro-informatique. Voici en quels termes George Gilder, un économiste américain libéral, relate le phénomène de la Silicon Valley et tourne en dérision les idées développées dans les années 60 par John Kenneth Galbraith, pour lequel les grandes organisations et l'État sont le cœur de l'économie moderne : « Pendant que le professeur Galbraith bavardait […] sur les faits et gestes de Ford et de General Motors, s'imaginant candidement qu'il était au centre futuriste du Nouvel État Industriel, une révolution industrielle surgissait massivement derrière son dos. Elle s'est déroulée dans des centaines de petites entreprises dirigées par des hommes qu'il ne connaissait pas et dont il n'avait pas même entendu parler […]. Ces savants, ces génies imberbes de la révolution des semi-conducteurs et des microprocesseurs ont, tels des alchimistes, transformé la matière la plus vulgaire en une incomparable ressource de l'esprit : une simple pastille en silicium de la taille d'une mouche. »

On retrouve dans ces quelques lignes toute l'essence de la philosophie politique et économique des économistes libéraux. La PME devient l'unité de base de l'économie de marché et par là même le fondement du libéralisme alors que la grande entreprise, soupçonnée d'être de connivence avec l'État, symbolise un socialisme rampant. Le Small Business Act (SBA★) américain définit, dès 1953, la PME comme une entreprise possédée et dirigée de manière indépendante et qui n'est pas dominante dans son secteur d'activité. De même, en Grande-Bretagne, le fameux rapport Bolton★ de 1971 repose sur une définition similaire, insistant sur la notion de faible part de marché.

Ces définitions sont fortement empreintes d'idéologie libérale puisque le concept de PME est fondamentalement lié à une forme de concurrence et à un type de marché dont la logique renvoie directement à ce que l'on appelle la théorie de la concurrence pure et parfaite. Cette théorie repose sur plusieurs conditions parmi lesquelles les hypothèses d'atomicité et de mobilité. Pour être respectées, ces hypothèses exigent un nombre suffisamment élevé de participants de petite taille de sorte qu'aucun opérateur, pris individuellement, ne puisse influencer les conditions qui prévalent sur le marché. La concurrence pure et parfaite se traduit par une concurrence exclusivement fondée sur les prix entre des firmes égales, très nombreuses et de petite taille qui n'ont aucun pouvoir de marché. L'allusion à la notion de faible part de marché renvoie directement à ces hypothèses. L'absence de position dominante sur un secteur est un gage de parfaite mobilité pour entrer ou sortir du marché.

Comme nous l'expliquent les économistes Pierre-André Julien et Bernard Maurel dans *La Belle Entreprise,* le modèle de la concurrence pure et parfaite, référence de la microéconomie classique, est porteur d'un schéma de l'économie dans lequel la PME joue un rôle prépondérant. Le fondement du libéralisme s'appuie sur l'existence d'une multitude de petites unités de production indépendantes qui trouvent une cohérence globale par l'intermédiaire du marché. C'est tout le sens du fameux « laisser faire, laisser passer » sur lequel se fonde la théorie du libéralisme économique. Ce qui fait que pour les économies capitalistes anglo-saxonnes, la propriété privée et l'indépendance de gestion sont les points de départ des définitions de la PME.

Deux conceptions différentes de la PME semblent donc caractériser les pays occidentaux. La première symbolise l'esprit d'indépendance dont les petits commerçants et artisans ont toujours fait preuve, notamment à l'égard du grand capital et des pouvoirs publics. Cette conception repose sur une vision traditionaliste, voire conservatrice de la PME qui se démarque de la philosophie ultralibérale. Ainsi, le libéralisme dont se prévaut la CGPME en France est un « libéralisme tempéré », selon l'expression de son président actuel, Lucien Rebuffel. A l'opposé, une image plus moderne correspond à celle véhiculée notamment dans la plupart des pays anglo-saxons, et au-delà dans les pays d'Europe du Nord où l'éthique protestante est considérée depuis l'œuvre de Max Weber comme le socle sur lequel le capitalisme s'est érigé.

Il ne s'agit là que de tendance et ces deux concep-tions, traditionaliste et moderniste, coexistent dans chaque pays. De plus, quoique différentes, ces deux conceptions reposent sur une même culture forte-ment individualiste, où le patron-entrepreneur constitue l'élément central.

Cette conception individualiste de la PME doit être relativisée car il s'agit d'un trait qui se rattache principalement à la culture occidentale. Au Japon, et de façon plus générale en Asie, la conception de la PME repose moins sur la primauté de l'individu que sur l'appartenance à une famille ou à un groupe industriel. Selon Yveline Leclerc, spécialiste de l'éco-nomie industrielle japonaise, les PMI sont appréhen-dées selon leur place dans la division du travail. En majorité sous-traitantes au Japon (60 % des PMI réa-lisent plus de 50 % de leur chiffre d'affaires en sous-traitance), elles sont souvent étudiées dans ce cadre et donc dans leur relation avec les grandes entreprises. La notion de PME-PMI se déplace alors d'un critère de taille à un critère de positionnement dans le sys-tème productif, pour se confondre dans la notion de sous-traitance. La petite entreprise se fond dans le système industriel fortement hiérarchisé autour des Zaïbatsus⋆. La représentation de l'économie japo-naise, figurée par une pyramide, est quelque peu caricaturale, mais demeure la plus proche de la réalité. Toutes les firmes qui travaillent directement ou indirectement pour le donneur d'ordre au sommet de la pyramide ont conscience d'appartenir à un même groupe. Ainsi, une entreprise de premier niveau se définira comme étant de « type Toyota » ou de « type Nissan », tout aussi bien qu'une entreprise de troisième niveau qui pourtant n'est pas en relation directe avec Toyota ou avec Nissan. On est loin du sentiment d'indépendance qui anime les principaux organismes européens ou nord-américains du petit patronat. L'Asie se caractérise par une conception plus communautaire de l'entreprise. L'absence d'individualisme, l'appartenance au groupe, la prise de décision collective attestent de la primauté du groupe sur l'individu. L'entrepreneur comme centre de décision autonome s'efface derrière des entités plus larges comme la famille ou le groupe qui constituent la cellule de base. Le contrôle s'exerce par la socialisation des individus, par leur adhésion aux normes et aux valeurs de l'ensemble.

On peut également citer le cas d'Israël, où l'idéal socialiste a joué un grand rôle, du moins au début de la constitution de cet État. Dans ce pays, la constitution des kibboutzim, généralement agricoles, constitue une forme originale de PME qui s'éloigne radicalement de la conception occidentale très individualiste puisque le mot *kibboutz* signifie « collectivité » en hébreu. Ces exploitations agricoles originales de forme coopérative vont plus loin que la logique économique autogestionnaire puisqu'elles servent de cadre à une organisation communautaire de la vie sociale.

Les PME dans les pays à économie planifiée

A l'inverse des pays capitalistes, le système communiste condamne la propriété privée, l'enrichissement personnel, les différences sociales et les inégalités. Pour l'idéologie marxiste, la compétition est synonyme d'exploitation des travailleurs et de paupérisation croissante. La philosophie égalitariste renvoie à l'idée d'une répartition relativement homogène des revenus, ce qui n'est pas compatible avec l'existence d'un tissu entrepreneurial fondé sur l'initiative privée et sur l'instinct de compétition. Ce qui fait que la plupart des pays à économie d'État ont fait disparaître la notion de PME et, de façon plus générale, la notion d'entreprise, pour lui substituer celle de centre de production. Ces centres, privés de tout système d'information et dépourvus d'autonomie de décision, n'avaient pas à se préoccuper des conditions de ventes de leur production et du financement de leurs approvisionnements. Le personnel était payé sur des fonds fournis par l'administration centrale, indépendamment de la valeur de la production. Les prix des marchandises étaient fixés par voie administrative. Les investissements étaient décidés par les instances centrales. Dans ces pays, la PME est comparable à un « boulon » vissé sur une imposante mécanique incapable de faire face aux évolutions de l'environnement. Ces PME ont fonctionné en dehors des règles du marché et étaient incluses dans la structure industrielle monopoliste et superconcentrée qui a caractérisé les économies planifiées avant la vague des réformes.

Les événements de 1989, avec l'éclatement de l'Union soviétique et l'effondrement du mur de Berlin, ont entraîné la plupart des économies planifiées dans une période de transition économique. Cette transition s'est traduite par de profondes restructurations des grandes entités étatiques. Mais, pour bon nombre d'experts, le passage des économies planifiées à l'économie de marché ne peut se faire sans la mise en place d'un « nouveau » modèle d'entreprise, le plus souvent petite et flexible. C'est ainsi qu'en Chine, depuis la révision de la Constitution de 1988 et l'expérimentation du *socialisme de marché**, les autorités du pays reconnaissent l'existence du secteur privé comme composante complémentaire à celle de l'État. Plus d'un million d'entreprises et près de dix millions d'emplois se sont créés depuis. Cette explosion d'énergie créatrice d'entrepreneuriat*a conduit les autorités chinoises à accroître la place du secteur privé et à diversifier les formes d'entreprise. On peut ainsi relever la tentative originale des *systèmes de responsabilité**. Il s'agit d'un contrat de location d'une entreprise publique à un entrepreneur privé. Le choix de l'entrepreneur s'effectue d'abord par un appel d'offres, puis par une élection des employés. Ce système permet aux autorités de conserver leur droit légal sur les propriétés des entreprises et en même temps de profiter de l'efficacité de l'économie de marché puisque l'exploitation de l'entreprise est entièrement confiée à un agent privé. Ce système de responsabilité crée ainsi une classe très particulière d'entrepreneurs-locataires qui ne possèdent pas de capitaux mais qui ont le contrôle de l'entreprise en tant que gestionnaires. La rémunération de ces entrepreneurs est fondée sur une partie des bénéfices, tout comme des actionnaires classiques mais sans toutefois détenir de titres de propriété. Ce système hybride de gérance sous tutelle étatique permet de transformer graduellement une économie de planification centrale en une économie de marché, sans nécessairement provoquer une rupture fondamentale à l'égard de l'idéologie marxiste.

Une autre voie de libéralisation consiste à tolérer le développement d'un secteur informel, propice là aussi à la forme PME. C'est l'orientation adoptée par les autorités de Cuba, depuis que cet État est entré dans une « période spéciale » après l'effondrement de l'Union soviétique. Jusqu'alors, l'idéologie politique avait conduit à l'existence d'un système administratif très contraignant et dissuasif pour les entrepreneurs privés. Mais la défaillance du secteur formel, notamment en termes d'emplois, a provoqué un accroissement d'initiatives privées souvent en marge de la légalité. L'explosion des activités informelles a amené les autorités cubaines à assouplir la législation et à accorder plus de place au secteur privé. Mais l'attitude de l'État reste encore assez ambiguë à l'égard du secteur privé. « Les réformes conduites ne sont pas fondées sur l'idée de nous éloigner du socialisme, mais sur l'idée de sauver le socialisme », déclarait Fidel Castro dans un de ses récents discours.

La situation économique dans la plupart des pays à économie planifiée débouche sur un véritable dilemme auquel sont confrontés tous les États : faut-il maintenir le système actuel au risque de voir de plus en plus d'activités se développer dans la clandestinité, ce qui implique un rôle plus répressif de la part des autorités, ou bien faut-il assouplir les réglementations et reconnaître la place et le rôle du secteur privé informel, ce qui revient à renier certains principes idéologiques de base et donc à affaiblir la légitimité du pouvoir central en place ? Les évolutions actuelles, en Chine, à Cuba et dans les PECO (pays d'Europe centrale et orientale), semblent traduire une nette préférence pour la seconde voie et les expressions « socialisme de marché » et « période spéciale » relèvent d'une dialectique pas toujours convaincante. Certes, les politiques de restructuration se différencient selon les pays et les cultures. Mais leur trait commun est d'attribuer un rôle primordial aux PME dans le processus de transition de l'économie et dans la création des nouveaux rapports de propriété. La plupart des PECO ont multiplié des formules hybrides combinant les formes privées et publiques du travail et du capital. La Hongrie est vraisemblablement le pays qui a connu la métamorphose la plus rapide. Alors que les entreprises de moins de cinquante salariés ne représentaient que 1,3 % de l'ensemble des entreprises en 1982, ce pourcentage explose à 65 % en 1990. Les lois de

Catégories d'entreprises selon la taille	1982	1986	1990
moins de 20	0,5	8,5	48,8
21-50	0,8	10,2	16,2
51-300	37,6	42,6	21,8
301-1 000	33,5	21,9	8,8
1 001-5 000 I	26,2	15,3	4,1
5 001-10 000 II	2,4	0,9	0,2
10 001 et plus III	1,0	0,6	0,1

**Catégorie d'entreprise
nombre d'employés**

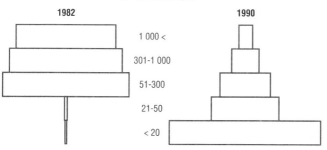

Source : *Revue internationale PME*, vol. 5, N° 1, 1992.

**Changements de taille
des entreprises
manufacturières en Hongrie.**

1988 sur les investissements étrangers et celles de 1990 sur l'entreprise privée et sur la Bourse ont radicalement transformé l'économie hongroise. Le processus de désagrégation des grandes entreprises hongroises s'est accompagné d'une augmentation exponentielle du nombre des PME.

Ces transformations spectaculaires des systèmes industriels jouent également un rôle social et politique. En effet, le fonctionnement des PME repose sur le principe d'une gestion indépendante par rapport à l'État et sur des systèmes de décision décentralisés. La PME est non seulement un vecteur de libéralisation économique mais aussi de démocratisation sociale. Ces évolutions rapides font qu'aujourd'hui, la Hongrie, mais aussi d'autres pays comme la République tchèque et la Pologne, désirent rejoindre le plus rapidement possible la Communauté européenne sans que cela ne choque personne.

Les PME dans les pays en voie de développement

Les pays en voie de développement ne pourront obéir aux conditions d'une économie de marché tant qu'ils ne satisferont pas les besoins primaires d'une économie de survie. C'est dans les années 70 que l'on a pris conscience de l'existence dans le tiers-monde d'un secteur informel où travaillaient de petits commerçants, de petits vendeurs, en situation plus ou moins légale coexistant avec le secteur formel. Le rapport Kenya du Bureau international du travail en 1972 est l'un des premiers documents qui définit le secteur informel par les traits suivants : propriétés familiales des entreprises, échelle restreinte des opérations, techniques à forte intensité de main-d'œuvre, qualifications acquises en dehors du système scolaire par l'apprentissage, marché échappant à tout règlement et ouvert à la concurrence, recours aux ressources locales... Alors que, dans de nombreux pays en voie de développement, les entreprises modernes, publiques ou privées, connaissent de grandes difficultés. Celles relevant du secteur informel résistent mieux à la crise. Le secteur informel est souvent dans ces pays la principale source d'emplois, notamment pour les populations locales.

Dans ce contexte, la PME n'a plus rien à voir avec son homologue des pays riches. Si l'on prend l'exemple du continent africain, l'informalité des économies est très forte et la petite entreprise se caractérise d'abord et avant tout par son aspect communautaire. L'unité de production est indissolublement liée à la cellule familiale. L'activité économique se fond dans l'activité sociale. C'est l'homme dans sa dimension sociale qu'il convient de prendre directement en compte. La devise du secteur informel est avant tout : s'unir pour survivre, ce qui empêche les mécanismes de marché classiques et le rationalisme économique de s'exercer pleinement. La conception occidentale de l'entrepreneur individualiste cède le pas à l'entrepreneur communautaire. La petite entreprise africaine est traversée par de nombreuses solidarités familiales, ethniques, géographiques ou religieuses. Dans la plupart des cas, la production est davantage commandée par les besoins quotidiens de dépense du ménage que par une stratégie planifiée. La petite entreprise informelle constitue souvent le seul moyen de se procurer un revenu pour toute une fraction de la population que le secteur moderne ne peut absorber.

Le développement et la permanence de ces petites unités résident dans leur aptitude à concilier les valeurs sociales et culturelles de l'Afrique avec la nécessaire efficacité économique. La PME informelle s'insère dans un réseau de relations sociales de la communauté géographique ou ethnique d'appartenance. Cette insertion est souvent la source de contraintes et enferme l'entrepreneur dans un ensemble d'interdits et de coutumes où le rôle de la tradition demeure déterminant. Mais ce traditionalisme constitue une garantie grâce aux solidarités qu'il génère. L'insécurité contractuelle, légale et judiciaire, dans les pays en voie de développement oblige l'entrepreneur à créer un groupe ethniquement homogène et des réseaux d'échanges personnalisés en vue de réduire le coût inhérent au respect des contrats.

Pour de nombreux spécialistes de l'économie ou du management africain comme Philippe Hugon ou Emile Hernandez, toutes ces caractéristiques confèrent de nombreuses spécificités aux modes de gestion de la PME informelle. Ainsi, les fonds utilisés dans ces entreprises proviennent généralement de l'entrepreneur lui-même et de son entourage familial ou amical ; le recours aux prêts officiels est réduit. Le continent africain est le lieu d'une forme originale d'accès aux capitaux qui s'appelle la tontine. La tontine est un système d'épargne regroupant un nombre limité de personnes qui se réunissent à date régulière pour verser une somme en commun. Les membres retirent la somme globale à tour de rôle. La tontine a une durée de vie limitée, on s'y regroupe par affinités sociales, ethniques ou professionnelles. L'épargne tontinière revêt plusieurs formes et leur importance est variable selon les pays. Très développées dans certains pays comme le Cameroun, elles ont un rôle plus marginal dans d'autres pays comme la Côte-d'Ivoire. Si la tontine est davantage un système d'épargne que de financement des investissements, elle peut constituer une source de financement complémentaire aux apports personnels de l'entrepreneur lui-même. C'est donc la finance informelle, constituée de l'épargne tontinière et des aides interpersonnelles, qui finance prioritairement les petites unités africaines.

Le poids de la finance informelle et la primauté accordée au quotidien par rapport au long terme, caractéristiques classiques des économies de survie, induisent une préférence pour la liquidité à la notion de rentabilité jugée trop lointaine. La bonne gestion financière de l'entreprise se mesure à sa capacité de générer un revenu quotidien permettant de faire face aux dépenses de consommation journalière.

La gestion des ressources humaines donne lieu, elle aussi, à une forme originale qui ne correspond pas aux conceptions occidentales. La relation d'emploi est rarement une relation marchande ou contractuelle mais résulte souvent de liens de parenté. L'entrepreneur est d'abord un chef de famille. Un grand nombre des employés sont des apprentis très souvent recrutés dans le cercle de la famille élargie. Les relations de travail sont dominées par des relations de dépendance, voire d'allégeance, entre les patrons aînés et les cadets qui leur sont personnellement dévoués car redevables de leurs emplois. Le salaire versé aux employés revêt alors un caractère discrétionnaire, c'est-à-dire lié à la bonne volonté du patron et surtout aux disponibilités du moment.

La PME : un sigle
qui a plus de valeurs que de sens

Quels sont les points communs entre les petites exploitations familiales agricoles qui manifestent dans le sud de la France contre les dévaluations successives de la lire italienne ou de la peseta espagnole, les petits patrons artisans et commerçants qui se liguent contre la grande distribution et le grand capital, le façonnier du district industriel italien, la moyenne entreprise du *Mittelstand* allemand, la PME high-tech de la Silicon Valley, l'entrepreneur informel* africain, le kibboutz israélien, la PME sous-traitante japonaise ou les nouveaux entrepreneurs-locataires chinois ?

Les tentatives de généralisation sont toujours suspectes car elles accentuent le trait sur des constantes qui ignorent les particularités et les nuances. Mais, au fil de ce voyage en terre PME, il apparaît clairement que la PME ne revêt pas la même signification selon les régions. Conséquence de son extrême diversité, on ne sera pas surpris d'observer que la PME est au carrefour de conceptions très contrastées : entre communauté et individualisme, entre modernité et traditionalisme, le sigle PME semble avoir plus de valeurs que de sens.

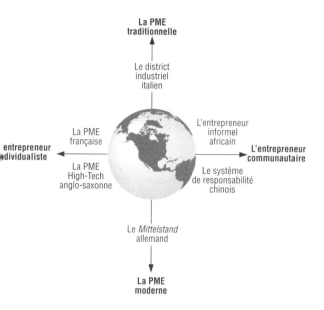

Prendre la défense des PME est devenu un thème
qui fait l'unanimité au sein de la classe politique mais
pour des raisons très diverses. Pour les droites libé-
rales ou classiques, la PME, c'est le symbole du libéralisme, de la liberté d'entreprendre, de l'esprit
d'indépendance, de la famille et du travail. Pour la
gauche, c'est l'entreprise innovatrice et porteuse de
progrès, l'entreprise à visage humain soucieuse de
préserver les équilibres sociaux face aux impératifs
économiques. Pour les écologistes, c'est l'entreprise
qui permet à chacun de travailler au pays dans de
petites unités bien intégrées au paysage. Pour tout le
monde, la PME, c'est la *belle entreprise*. Dans l'imagi-
naire collectif, la PME symbolisera la souplesse du

roseau face à la rigidité du chêne, le petit patronat incarnera David face à Goliath, représentant le grand capital. Mais la sagesse populaire n'oubliera pas non plus le combat inégal entre le pot de terre et le pot de fer.

En raison de cette idéalisation, la PME fait l'objet d'une instrumentalisation de plus en plus forte de la part des pouvoirs publics. Dans les pays développés, elle représente l'entreprise pourvoyeuse d'emplois et nourrit tous les espoirs de la classe politique et de nos sociétés. Ces espérances se traduisent par un engouement des valeurs entrepreneuriales : le sens de l'initiative et des responsabilités, l'ambition, le goût du risque, la créativité, la capacité d'adaptation, l'aptitude à gérer l'incertitude, la confiance en soi, la gestion de projet, le pragmatisme.

On peut parler aujourd'hui d'un véritable « entrepreneurialisme » des valeurs sociétales qui succède à l'impérialisme du gigantisme prôné dans les années 60-70. La PME est aujourd'hui le modèle d'entreprise de référence et l'entrepreneuriat devient la philosophie des affaires dominante. Les grandes entreprises débureaucratisent leurs structures *(reengineering)*, externalisent de nombreuses activités *(out sourcing)*, aplatissent leur ligne hiérarchique *(downsizing)*, insufflent au sein de leur propre organisation davantage d'esprit d'entreprise *(intrapreneurship)*, favorisent la création de petites entreprises par leurs anciens cadres (essaimage*). Ces restructurations impliquent aussi un « dégraissage » des effectifs. Sur la période 1981-1997, les établissements de plus de deux cents salariés ont perdu près d'un million d'emplois tandis que, dans le même intervalle de temps, les plus petits voyaient le nombre de leurs salariés augmenter de plus d'un million et demi.

Face au chômage, l'entrepreneur est le nouveau *deus ex machina* et la PME est perçue comme la solution miracle à la crise de l'emploi comme en atteste le credo politique lancé par Berlusconi lors d'une élection en Italie : trois millions de chômeurs, trois millions d'entreprises. L'aspect salutaire de la PME présentée souvent comme un modèle d'adaptation à la crise s'apparente au phénomène du *Small is beautiful.*

Les fondements
de la spécificité des PME

La prise de conscience des problèmes particuliers concernant la gestion des PME a conduit à l'émergence d'une communauté scientifique spécialisée dans le management des PME, les « PMistes★ ». Cette communauté scientifique pluridisciplinaire est structurée autour de plusieurs associations de recherche internationale dont les principales sont l'ICSB★ (International Council of Small Business) et l'AIREPME★ (Association internationale de recherche en PME). Elles regroupent en premier lieu des économistes et des gestionnaires mais aussi des psychologues, des sociologues, des géographes, des juristes… L'analyse de la diversité des PME gagne à ce pluralisme des points de vue. La première tâche de cette communauté a été d'élaborer les fondements d'une théorie de la PME et de son mode de gestion. Quels sont ces fondements qui permettent aujourd'hui aux PMistes de revendiquer leurs savoirs et leurs connaissances ?

Les déséconomies d'échelle, de champ et d'expérience

L'analyse économique traditionnelle a longtemps considéré que la recherche d'une grande taille était un gage de compétitivité pour l'entreprise. Cela a conduit de nombreux chercheurs à expliciter les avantages de la grande taille autour de trois concepts : les économies d'échelle, les économies de champ et les économies d'apprentissage. Or, selon Michel Marchesnay, PMiste français, tous ces arguments peuvent être retournés. La justification théorique de la PME repose alors sur les trois arguments inverses : les déséconomies* d'échelle, les déséconomies de champ et les déséconomies d'expérience.

Dans les années 70, de nombreux économistes se sont interrogés sur l'existence ou non d'une taille idéale. Dans de nombreux domaines, le coût de revient d'un bien tend à diminuer au fur et à mesure que l'échelle de production s'accroît. Ce phénomène classique appelé par les économistes le principe des économies d'échelle est une justification théorique de l'accroissement de la taille. Plus la taille de l'entreprise est grande, plus le coût de revient de son produit est faible et donc plus l'entreprise gagne en compétitivité. Cette baisse du coût de revient a plusieurs sources.

Sur le plan interne, les économies d'échelle proviennent d'un meilleur étalement des charges fixes (charges indépendantes du niveau de production comme les dépenses de recherche et développement, les amortissements des équipements) sur des séries de production plus longues. Les économies d'échelle découlent aussi de la standardisation des produits et des procédés de production ainsi que de la division des tâches que seule une grande taille permet de réaliser.

Sur le plan externe, la grande taille renforce le pouvoir de négociation de l'entreprise auprès de ses fournisseurs et de ses clients. Une grande entreprise pourra ainsi s'approvisionner à des conditions plus avantageuses que celles d'un concurrent de taille plus réduite. Le principe des économies d'échelle trouve un champ d'application particulièrement fécond dans de nombreux secteurs pour lesquels la course à la taille critique semble sans relâche : le secteur automobile, le secteur pharmaceutique, le secteur pétrolier...

Ce phénomène d'abaissement des coûts de production n'est toutefois pas sans limites. Passé un certain seuil dimensionnel, la baisse du coût se ralentit puis disparaît. Au-delà, le phénomène inverse se produit. L'accroissement de la taille s'accompagne d'une hausse des coûts. L'entreprise entre alors dans la phase des déséconomies d'échelle. La taille devient un facteur de rigidité. L'organisation se bureaucratise, pouvant faire perdre à l'entreprise tous les avantages accumulés jusqu'alors. Les problèmes de gestion et d'organisation alourdissent les coûts.

Ces principes des économies et des déséconomies d'échelle semblent pertinents pour justifier théoriquement l'existence de très grandes ou de toutes petites entreprises.

Certaines activités sont fortement sensibles aux économies d'échelle. Ce sont souvent des activités industrielles dont les produits et les technologies sont banalisés. Toutefois, on ne doit pas en déduire que dans ces secteurs les PME sont inexistantes. Le besoin de différenciation des produits profite aux échelles de production courtes et permet ainsi à des PME de coexister avec des grandes entreprises dont les produits sont fortement standardisés. Par exemple, à côté du marché grand public du vêtement prêt-à-porter, il existe de nombreuses petites entreprises de confection dont l'activité ne repose pas sur la standardisation du produit mais au contraire sur l'originalité des collections. Les produits sont sensiblement plus chers car les séries de production sont plus limitées. Mais le client a la garantie d'un vêtement de qualité et moins banal. Dans la haute couture, on produira même à l'unité, en faisant du sur mesure.

D'autres activités se caractérisent à l'inverse par des économies d'échelle faibles. C'est le cas dans les activités à forte teneur de service, lesquelles sont très rapidement en situation de déséconomies d'échelle. Le service se caractérise très souvent par un nécessaire contact entre le producteur et le consommateur. Cette contrainte de proximité interdit les économies d'échelle. Le petit épicier de quartier rend des services de proximité que les grandes surfaces excentrées ne peuvent offrir. Les prix dans ces petits commerces sont pourtant plus élevés que dans la grande distribution. Mais sont-ils vraiment en concurrence ? Non, car ils ne satisfont pas le même besoin. Il s'agit souvent de dépanner le client occasionnel alors que la grande surface l'approvisionne régulièrement. Les épiceries de quartier, les dépanneurs comme on les appelle au Québec, ne vendent pas seulement des marchandises, ils rendent aussi et surtout un service de proximité et de disponibilité. L'avantage concurrentiel demeure dans ces services. L'épicerie doit être proche et ouverte tout le temps, même tard dans la nuit, même le dimanche. De telles conditions de travail dans une grande surface seraient illégales aux yeux de l'inspecteur du travail mais elles sont autorisées dans le cas du travailleur indépendant sans salarié. Dans ces conditions, la taille idéale est de faible dimension. L'embauche de salariés amènerait le patron à devoir respecter la législation du travail plus contraignante quant aux possibilités d'ouverture de nuit ou lors des jours fériés. L'épicerie perdrait alors tout son avantage. L'importance croissante des activités de service dans nos économies est incontestablement une des causes structurelles de l'essor du phénomène PME.

Une autre légitimation de la grande taille repose sur les économies de champ, c'est-à-dire les avantages liés à la diversification. Les grandes entreprises diversifiées jouiraient d'un avantage décisif comparativement aux PME monoproductrices. En effet, en élargissant sa gamme de produits, la grande entreprise accroît sa notoriété, réalise des synergies et étale mieux ses charges fixes indirectes. De plus, la diversification joue le rôle d'amortisseur de risques, elle permet à l'entreprise de procéder à des arbitrages en fonction de l'attrait plus ou moins grand qu'elle porte à ces différentes activités. Ainsi un groupe peut-il abandonner progressivement une activité qu'il jugera en déclin et se repositionner sur les activités à forte croissance. La pérennité de l'ensemble est ainsi assurée grâce à cette gestion équilibrée du portefeuille d'activités. L'entreprise spécialisée paraît quant à elle plus vulnérable car son avenir dépend exclusivement d'une seule activité dont le marché peut décliner avec le temps et dont le produit peut tomber en désuétude.

Toutefois, tous ces arguments peuvent être retournés en considérant que la spécialisation peut être un atout pour l'entreprise. La diversification à outrance peut conduire l'entreprise à se disperser et à s'engager dans des voies qu'elle ne maîtrise plus. De nombreux groupes industriels sont victimes de ce que l'on appelle une perte d'identité et cherchent aujourd'hui à se recentrer sur leur métier de base. L'entreprise spécialisée connaît mieux son métier et peut ainsi focaliser toute son énergie et son attention sur l'amélioration constante de son activité. Bien des PME, du fait de leur extrême spécialisation, sont réputées, parfois dans le monde entier, comme étant des spécialistes incontestés dans un domaine bien ciblé. Le club des numéros un mondiaux, association créée en 1986 par le ministère du Commerce extérieur français, regroupe plus de deux cents entreprises dont une quarantaine de PME de moins de deux cents salariés qui sont toutes en situation de leadership à l'échelle mondiale. La plus petite d'entre elles, l'entreprise Le Verre Fluoré, avec un effectif de seulement sept personnes, est leader mondial dans la fabrication sur mesure de fibres et composants optiques infrarouges et vend ses produits à forte valeur ajoutée et de haute technologie à des entreprises prestigieuses comme la NASA, General Motors ou Sony.

L'hyperspécialisation* dans des créneaux étroits peut être considérée comme la base de la compétitivité de certaines PME dans la mesure où elle limite les conflits concurrentiels et assure à l'entreprise une situation de quasi-monopole. La théorie des interstices* est souvent mise en avant par les PMistes pour justifier l'avantage d'une forte spécialisation. Les PME du club des numéros un mondiaux sont des entreprises dont l'avantage compétitif repose souvent sur une forte adéquation entre une technologie pointue et des besoins spécifiques sur une base mondiale. C'est parce qu'elle s'inscrit dans le cadre exclusif d'un domaine d'activité que l'entreprise peut concentrer tous ses efforts dans un seul et même but. <u>La spécialisation devient un gage d'efficacité.</u>

Les économies d'expérience constituent la troisième légitimation de la grande taille des entreprises. La théorie de l'effet d'expérience stipule que le coût de production d'un produit décroît de façon constante à chaque doublement de la production cumulée. Les causes de ce phénomène sont simples.

Au fur et à mesure de la répétition d'une tâche, le temps nécessaire à son accomplissement diminue. La preuve empirique de ce phénomène a initialement été faite dans le secteur de l'aéronautique. On retiendra que ce phénomène relève surtout des industries où les activités d'assemblage sont importantes : secteur automobile, électroménager, aéronautique... L'inscription dans la durée ainsi qu'une forte accumulation du volume de production permettent à l'entreprise de bénéficier d'économies d'apprentissage. La courbe d'apprentissage repose sur l'accumulation d'un savoir au fil du temps.

L'effet d'expérience est cependant conditionné par le maintien d'un environnement stable. L'expérience est fondée sur la réplication d'un contexte donné. Si ce contexte est appelé à évoluer, l'expérience peut s'avérer un facteur puissant de résistance au changement. Les habitudes deviennent rapidement une seconde nature et conduisent parfois les acteurs à refuser de changer de méthodes de travail. Lorsque l'environnement est instable, c'est l'expérimentation qui devient le levier déterminant de l'efficacité de l'entreprise. Dans le cas des activités fortement innovantes, où le renouvellement est fréquent, c'est le souci de procéder à des tests temporaires qui devient le facteur clé du succès de l'entreprise. L'organisation du travail doit s'appuyer sur un fonctionnement décentralisé, le moins formalisé possible, avec un personnel relativement polyvalent. Cette grande souplesse d'adaptation confère à la PME une meilleure résistance à la crise que les grandes entreprises. De plus, la PME apparaît comme un vecteur du changement. On retrouve ici la figure emblématique de l'entrepreneur schumpétérien* qui joue un rôle de pionnier en matière d'innovation. L'image de la PME comme tête chercheuse du progrès prend ici tout son sens.

L'effet taille

Les premiers travaux qui ont mis en évidence l'influence de la taille de l'entreprise sur son organisation datent des années 60 et sont à attribuer à l'Aston Business School en Grande-Bretagne. Les principaux résultats de l'école d'Aston confortent l'idée selon laquelle la taille de l'organisation constitue un facteur prédictif majeur de sa structuration. La taille est certainement le facteur le plus unanimement reconnu en ce qui concerne ses effets sur la structure d'une organisation : plus une organisation est de grande taille, plus sa structure est élaborée, plus les tâches y sont spécialisées, plus ses unités sont différenciées, et plus sa composante administrative est développée. Les travaux et les preuves empiriques sont ici écrasants.

Pourtant, cette convergence ne doit pas faire illusion, d'une part, parce qu'il existe de nombreuses nuances dans les travaux et des différences dans le détail des mesures et dans la composition des échantillons qui rendent les généralisations dangereuses, d'autre part parce que d'autres travaux empiriques ne sont pas aussi affirmatifs sur le rôle de la taille en matière de structuration. En effet, le rôle et l'importance du facteur taille ne sont pas appréhendés de la même façon selon les auteurs et les époques. On peut distinguer deux approches antagonistes : l'approche intertypique* et l'approche intratypique*.

Durant les années 70, un vif débat a opposé les chercheurs sur le degré d'homogénéité des échantillons permettant d'étudier scientifiquement les organisations. L'approche intertypique suggère que l'effet taille transcende largement les différences entre les organisations. Dans ce cas, l'échantillon peut présenter une forte hétérogénéité. Les effets de la taille existent, indépendamment du type d'organisation étudié. Il y aurait donc une universalité de l'effet taille. La taille est un concept commun à tout type d'organisation et peut donc se mesurer d'une façon unique et standardisée.

A l'inverse, les adeptes de l'approche intratypique se fondent sur des échantillons dont les entreprises appartiennent au même type (hôpital, écoles, entreprises publiques...). Ils avancent l'argument selon lequel une théorie des organisations est construite sur la base d'analyses empiriques portant sur un type ciblé d'organisation et ce n'est que par la suite qu'elle est testée et validée par réplication sur d'autres types d'organisation.

Aucune des deux approches ne fait l'unanimité. La recherche d'un échantillon homogène peut conduire le chercheur à multiplier excessivement le nombre de critères de sélection pour constituer son échantillon. A l'extrême, chaque organisation devient alors un cas particulier. Aucune généralisation n'est alors possible. Inversement, dans le cas de l'approche intertypique, le rôle de la taille semble transcender les différences entre les organisations. La taille est alors considérée comme la variable explicative souveraine.

Cela fait que le rôle de la taille sur la structure des organisations reste sujet à controverses. Dans l'état actuel des recherches, on peut considérer que si la taille a un effet sur la structure, elle ne vaut pas nécessairement pour toutes les variables structurelles et que d'autres facteurs explicatifs sont vraisemblablement à l'œuvre. De sorte qu'il serait vain d'ériger la taille comme le facteur suprême en excluant l'influence d'autres facteurs. C'est dans cet esprit que certaines études vont chercher à relativiser l'importance et le rôle de la taille comparativement à d'autres facteurs.

Néanmoins, la taille apparaît comme un facteur de premier ordre pour comprendre le fonctionnement des organisations. Ces travaux vont renforcer l'idée qu'il existe une frontière entre le monde des petites organisations et celui des plus grandes. Où se situe alors cette frontière ? Quel est le seuil en deçà ou au-delà duquel les formes d'organisation peuvent être considérées comme spécifiques ?

La réponse à cette question suppose de considérer la taille non plus comme un facteur statique mais comme une variable dynamique. Plusieurs recherches vont alors se consacrer à élaborer des modèles de croissance de l'entreprise. La plupart de ces modèles vont s'attacher à mettre en évidence les différentes formes que prend l'organisation au fur et à mesure de sa croissance. L'idée centrale de ces travaux est la mise en évidence de phénomènes de rupture de l'organisation au fur et à mesure de son développement. Les effets de la croissance s'exercent comme un processus marqué par des changements discontinus des structures des organisations et des conditions dans lesquelles elles fonctionnent. De nombreux éléments indiquent qu'à mesure que les organisations grandissent, elles passent par des périodes de transition structurelle. Au fur et à mesure de la croissance de leur taille, les entreprises se transforment à l'image de la chenille qui, au fil de son développement, se métamorphose en papillon. La croissance de l'entreprise n'est pas un phénomène continu et rectiligne mais au contraire discontinu et ponctué par des crises, des métamorphoses. Le changement de degré de la taille s'accompagne d'un changement de nature de l'organisation. Une petite entreprise n'est pas l'entreprise IBM divisée par cent mille, pas plus qu'une amibe n'est un bœuf à échelle réduite. Elles sont par suite de la division du travail de nature différente. L'auteur le plus célèbre en la matière est certainement l'Américain Larry E. Greiner.

Selon Greiner, la croissance de l'entreprise est ponctuée par des phases de croissance stables et continues marquées par des changements lents et progressifs (les stades de la croissance ou les phases d'évolution) et des moments qui amorcent des ruptures organisationnelles et des changements abrupts (les crises de la croissance ou les phases de révolution). Ce sont ces différentes crises qui constituent les

hangements de nature, c'est-à-dire le passage d'une
orme d'organisation à une autre. Ce qui fait que
haque phase de croissance est ponctuée par des
auts qualitatifs.

La première crise à laquelle est confronté le dirigeant fondateur de l'entreprise est la crise de direction. Rapidement débordé lorsque les activités se
multiplient, le dirigeant est amené à formaliser sa
tructure en spécifiant les rôles et tâches de chacun
fin de surmonter cette crise. Cette formalisation va
lors engendrer un autre type de crise : la crise d'au-
onomie. Cette crise est surmontée lorsque le diri-
geànt adopte un style de direction par délégation. Ce
rocessus de délégation, nécessaire pour satisfaire les
esoins d'autonomie des membres de l'organisation,
 pour résultat une dilution du pouvoir et une crise
e contrôle. La réponse à cette crise consiste à ren-
orcer la coordination des membres par la mise en
lace de procédures formelles afin de renforcer les
ontributions de chacun à l'effort global. Mais le
éveloppement de ces procédures va inévitablement
e traduire par une dérive bureaucratique.
'organisation devient trop grande et trop complexe
 gérer. Cette crise de rigidité ne sera surmontée que
i l'entreprise arrive à insuffler davantage de sponta-
éité et de souplesse dans son mode de fonctionne-
nent. Le management se fonde sur l'adhésion des
nembres aux valeurs de l'entreprise, sur l'autocon-
ôle et l'esprit de groupe. L'implication des membres
ermet alors d'alléger les systèmes formels de

contrôle et ainsi de donner davantage de flexibilité à l'entreprise.

Ce scénario d'évolution de l'entreprise demeure toutefois d'une portée essentiellement théorique. S Greiner définit précisément la nature de chaque crise (crise de direction, crise d'autonomie, crise de contrôle...), il ne précise pas les seuils critiques à partir desquels elles se déclenchent. Les périodes de transition résultent d'une interprétation théorique Greiner montre bien que la crise qui apparaît à la fin d'une période d'évolution naît des caractéristiques propres à la structure qui a précisément permis à cette période de croissance d'avoir lieu. La crise découle du fonctionnement de l'entreprise inhérent à la période considérée. A chaque période correspond un mode de fonctionnement spécifique qui va engendrer une crise spécifique. Mais ces spécificités ne sont pas mesurables, quantifiables. Elles sont du domaine de l'interprétation d'un phénomène qualitatif L'intérêt est moins d'identifier précisément des seuil critiques que de mettre en garde les dirigeants d'entreprise sur l'existence probable de crises que l'entreprise devra surmonter au fil de sa croissance. C'est la raison pour laquelle la plupart des modèles de croissance sont davantage conceptuels que testés empiriquement.

Aussi, dans la période des années 80, plusieurs auteurs vont tenter de valider empiriquement ce modèles de croissance pour mettre en évidence le seuils critiques. Comme l'on pouvait s'y attendre, le résultats obtenus sont extrêmement fluctuants

Aucun seuil critique n'est identifié précisément. Certains identifient un seuil dimensionnel autour de deux cents/trois cents salariés tandis que d'autres montrent que des effets structurants apparaissent dès le cap des vingt personnes. Cette cacophonie va conduire la plupart des chercheurs mais aussi les organismes publics et privés à opérer de multiples distinctions. Le sigle PME est une appellation commode qui s'avère cependant trop large car il regroupe des entités très hétérogènes. Ainsi, la Commission européenne s'engage à prendre des mesures nécessaires pour adapter les statistiques qu'elle établit selon les classes de taille suivantes : 0 salarié (l'entreprise unipersonnelle), 1 à 9 salariés (la microentreprise ou toute petite entreprise), 10 à 49 salariés (la petite entreprise), 50 à 249 salariés (la moyenne entreprise).

Indépendamment de toutes ces nuances, la taille va s'imposer comme un facteur de découpage des organisations. Aujourd'hui, l'idée d'une spécificité des problèmes et des modes de gestion de la PME s'est imposée comme l'opinion majoritaire de la communauté scientifique en PME. Les années 90 seront marquées par un véritable engouement en faveur de la PME. La multiplication des colloques, la création de nombreuses associations de recherche et de pédagogie en PME et en entrepreneuriat, la publication de revues et d'ouvrages spécialisés, la création de nombreuses formations universitaires *ad hoc* (diplôme universitaire technologique [DUT] option petites et moyennes organisations, brevet de technicien supérieur [BTS] assistant de dirigeant de PME, diplôme d'étude supérieure spécialisée [DESS] en PME et entrepreneuriat...), le développement d'un marché du conseil pour les PME... sont autant de signes qui montrent l'intérêt croissant que portent les chercheurs, les enseignants, les praticiens et les responsables politiques à ce type d'entreprise.

L'effet de grossissement

Une autre explication théorique particulièrement féconde est l'effet de grossissement* évoqué par Henri Mahé de Boislandelle, PMiste français. L'idée centrale énoncée par ce concept est que les problèmes ne se posent pas avec la même intensité dans les grandes entreprises et les PME. Par exemple, le départ à la retraite d'un salarié d'une grande multinationale de plusieurs milliers de personnes est un événement insignifiant tandis que dans le cas d'une entreprise de dix personnes, c'est 10 % du personnel qu'il faudra remplacer. La petite taille des effectifs d'une PME accroît le poids relatif de chacun de ses membres. De même, la complexité administrative fortement critiquée par les chefs d'entreprise peut être gérée sans trop de difficultés par les grandes entreprises alors qu'il s'agit d'un problème quasi insurmontable pour les patrons de PME.

La mécanique de la sous-traitance illustre également ce changement d'intensité entre grandes et petites entreprises. En effet, la sous-traitance joue un rôle fondamental d'amortisseur de la conjoncture économique. Lorsque la demande s'emballe, le donneur d'ordre répercute ce supplément sur ses sous-traitants afin de ne pas embaucher. A l'inverse, si la demande se réduit, la société mère réduira les commandes à destination des sous-traitants et, le cas échéant, effectuera elle-même une partie des tâches jusqu'alors confiées aux sous-traitants afin d'occuper ses propres employés. L'évolution des productions liée aux fluctuations de la conjoncture se traduit par une oscillation de plus grande amplitude des petites entreprises en comparaison des grandes.

Mahé de Boislandelle qualifie ces phénomènes d'effet de grossissement. Ce qui pourrait être du domaine du local, du correctif dans une grande organisation peut avoir une importance stratégique en PME. Cela conduit certains à déclarer que « tout est stratégique en PME ». Un simple problème de trésorerie peut s'avérer dramatique dans le cas des entreprises de petite taille. Les PME sont sensibles au moindre choc, on dira qu'elles sont vulnérables.

Cet effet de grossissement se traduit par des effets multiples que nous regrouperons volontairement autour des trois lettres du sigle PME : P pour l'effet Papillon*, M pour l'effet de Microcosme* et E pour l'effet d'Egotrophie*.

L'effet Papillon signifie qu'un événement en apparence mineur (le battement d'ailes d'un papillon à Hong-Kong) peut entraîner toute une série de réactions qui peuvent s'avérer catastrophiques (un ouragan aux États-Unis). Ainsi, une crise déclenchée dans les pays asiatiques aura des répercussions sur les débouchés de certaines entreprises françaises et par un effet de réactions en chaîne avoir un impact dramatique sur quelques PME locales se croyant pourtant à l'abri d'un choc si lointain. Un choc anodin peut être à l'origine des difficultés, voire de la fermeture d'une PME. Cet effet Papillon est une illustration de l'effet de grossissement. Le risque de catastrophe est d'autant plus fort que les ressources financières des entreprises sont faibles. La probabilité de l'effet Papillon apparaît d'autant plus grande que la taille de l'entreprise est petite.

Si un automobiliste jusqu'alors fidèle à la marque Renault change en faveur des modèles Peugeot, son acte isolé n'aura pas de grandes conséquences sur le chiffre d'affaires des deux grands constructeurs automobiles français. Son poids est marginal. En revanche, si la direction d'un hôpital municipal décide de changer de grossiste en produits pharmaceutiques, elle risque de mettre son ancien fournisseur dans une situation très délicate, d'autant plus s'il s'agit d'une PME pour laquelle l'hôpital est un gros client. La fragilité de la PME se mesure ici en termes de dépendance économique. Plus la part de chiffre d'affaires réalisée avec un client est grande, plus l'entreprise s'installe dans une situation de dépendance. La situation extrême correspond au cas d'une PME sous-traitante qui ne travaille que pour un seul donneur d'ordre. Dans ce cas, la perte du client s'avérera fatale. En fait, la notion de dépendance doit être élargie à de nombreux domaines. La PME n'est pas seulement en situation de dépendance avec ses clients mais aussi par rapport à tout un ensemble de conditions économiques et sociales.

Le départ en retraite d'un salarié, l'arrivée d'un nouveau concurrent, le refus d'un prêt bancaire, la faillite d'un fournisseur, la dévaluation compétitive d'une monnaie étrangère suffisent parfois à remettre en cause l'existence d'une PME. On peut dans ce cas faire référence à la théorie du chaos et parler d'un véritable effet Papillon.

Ainsi, la gestion quotidienne de la PME prend souvent des allures de situation de crise ou d'état d'urgence. Le rythme de la production est inégal, alternant des moments de ralentissement, voire de calme plat, et des phases d'accélération. Les dépassements d'horaire sont fréquents et nécessaires pour satisfaire les soubresauts de la demande. Les PME sont vulnérables car elles ont souvent une fonction d'amortisseur des aléas de la conjoncture. Les grandes entreprises s'appuient sur leurs sous-traitants de capacité pour éponger les fluctuations de la demande et assumer l'instabilité de l'emploi. Une baisse mineure du chiffre d'affaires d'une grande entreprise peut s'accompagner d'une chute vertigineuse de celui de ses petits sous-traitants. L'effet Papillon joue ici incontestablement un rôle important. La pression exercée par un tel climat ne peut que renforcer une autre caractéristique spécifique : l'effet de Microcosme.

Selon Mahé de Boislandelle, l'effet de Microcosme se définit par le fait qu'un dirigeant de PME focalise son attention sur l'immédiat dans le temps (le terme le plus rapproché, c'est-à-dire le court terme) et dans l'espace (le plus proche physiquement ou psychologiquement). Le dirigeant d'une PME raisonne très souvent à court terme, privilégiant les solutions rapidement efficaces au détriment de solutions d'ordre stratégique dont les effets positifs sont moins immédiats. Or, plus un sujet dépense de son énergie en focalisations de proximité, moins il reste vigilant et disponible pour voir et regarder à l'extérieur et au loin. C'est la raison pour laquelle les PME ont en général peu de prédispositions pour planifier leurs actions. L'effet de Microcosme renforce le caractère introverti des modes de fonctionnement de la PME. Le désir d'indépendance, la volonté de préserver une forte autonomie sont des traits communément mis en avant pour décrire les spécificités du comportement du dirigeant d'une PME. Cet effet de Microcosme résulte d'une forte implication du dirigeant dans l'organisation, de l'intensité affective de ses relations, des urgences ressenties et du nombre des activités dont le dirigeant assure la charge.

L'effet de Microcosme ne s'exerce pas seulement à l'intérieur de l'organisation. On en retrouve aussi les effets dans les relations que l'entreprise noue avec son environnement commercial et institutionnel. D'un point de vue externe, l'image sociale de l'entreprise sera affectée par la fonction relationnelle du dirigeant qui joue souvent un rôle clé en matière de relations publiques. Une focalisation s'effectue souvent sur sa personne au travers de ses participations publiques professionnelles, sociales ou politiques.

Cet effet de Microcosme se trouve renforcé par les caractéristiques propres aux PME : un marché restreint, souvent local, la fabrication d'un seul produit, une absence totale de prévisions ou de normes, une structure informelle qui renforce le poids des relations interpersonnelles, une forte intégration à l'ensemble régional, un capital réparti entre un petit nombre de propriétaires... La PME est « un tout petit monde » dont le centre est le propriétaire-dirigeant. L'analyse des spécificités organisationnelles de la PME doit alors être complétée par un troisième élément : l'effet d'Egotrophie.

La gestion d'une PME a tendance à être centrée sur le dirigeant lui-même. Les affaires de l'entreprise sont d'abord et avant tout une affaire personnelle. L'histoire de l'entreprise se borne aux souvenirs personnels du patron, le capital de l'entreprise constitue sa fortune personnelle et les biens de l'entreprise sont ses objets personnels. Le recrutement dans les PME est l'affaire exclusive du dirigeant qui a tendance à choisir prioritairement dans sa famille ou dans ses relations. Les dirigeants s'acquittent ainsi du devoir de solidarité vis-à-vis de leurs proches tout en s'attachant les services de subordonnés qui leur seront personnellement dévoués. La PME est une mégapersonne par opposition à la grande entreprise mégastructure. Du fait de cette forte personnalisation de la gestion, l'analyse du profil du dirigeant est indispensable pour comprendre le fonctionnement d'une PME et les problèmes de management en

PME doivent souvent être posés en termes psychoso-ciologiques.

La personnalité du dirigeant s'exprime à travers les différentes facettes de la gestion quotidienne de son entreprise. Les valeurs du dirigeant, son profil psychosociologique, ses buts et aspirations détermi-nent le fonctionnement de l'entreprise. Sa qualité de créateur, son statut de propriétaire, son expérience et sa compétence confèrent au patron de PME tous les pouvoirs. Ce pouvoir est d'autant plus absolu que les PME se caractérisent par une totale absence de contre-pouvoir. La présence syndicale est d'autant plus faible que les entreprises sont petites. Il n'est pas rare d'observer des PME présentant un effectif qui plafonne à quarante-neuf salariés pour éviter le seuil fatidique des cinquante salariés obligeant légalement le patron à créer un comité d'entreprise. Un autre contre-pouvoir généralement absent dans les PME est celui de l'actionnaire. Si les grandes entreprises sont souvent gérées sous le contrôle d'un conseil d'administration, dans les PME c'est le dirigeant lui-même qui est le propriétaire de l'entreprise. De plus, ce dernier est souvent le créateur de l'entreprise, ce qui lui confère au-delà de la seule détention du capi-tal une très grande légitimité. Enfin, il n'est pas rare que du fait de son expérience et de sa profonde connaissance de l'entreprise il soit le seul capable de résoudre certains types de problèmes. Tous ces aspects renforcent le caractère centralisé de la gestion de la PME autour de la personne du propriétaire-dirigeant.

Cette personnalisation de la gestion de la PME peut alors se traduire par une disposition du patron à rapporter tout à soi. L'effet d'Egotrophie symbolise le risque d'hypertrophie de l'ego du dirigeant de PME dont l'attitude trop nombriliste peut nuire à la lucidité nécessaire pour gérer une affaire. L'effet d'Egotrophie explique en partie les difficultés que les dirigeants éprouvent lorsqu'ils désirent transmettre leur entreprise. L'extrême dépendance de l'entreprise vis-à-vis de son dirigeant rend souvent ce dernier indispensable, voire irremplaçable. Pour peu qu'il n'ait pas préparé sa succession, il est fort possible que personne ne puisse reprendre son affaire. La centralisation de la prise de décision n'est pas non plus de nature à favoriser la relève au sein de l'entreprise. Le fonctionnement classique de la PME peut parfois se révéler extrêmement infantilisant pour les cadres dans la mesure où l'épanouissement de ces derniers dépend de la capacité de délégation de la part du dirigeant, laquelle est faible, voire inexistante en PME. Dans ces conditions, il est bien difficile pour le dirigeant de revendre son entreprise à des cadres qui sont peu nombreux et qui n'ont pas toujours eu l'occasion de participer aux décisions stratégiques. Or, l'effet Papillon renforce l'impression auprès du dirigeant que toutes les décisions sont importantes, ce qui intensifie à son tour le phénomène d'Egotrophie. Souvent victimes du scepticisme des banquiers et de tous ceux qui les entouraient lorsqu'ils se sont lancés dans l'aventure, les patrons de PME nourrissent alors le sentiment qu'ils ne doivent leur réussite qu'à eux-mêmes, à leur courage et à leur obstination. Ce sentiment renforce la conviction qu'ils sont capables de franchir n'importe quel obstacle, ce qui peut conduire certains dirigeants à s'enfermer dans une tour d'ivoire.

L'enseignement que l'on peut retenir de ces effets de grossissement est que la gestion d'une PME revêt une forte spécificité qui tient à la nature de l'interaction entre l'effet Papillon, l'effet de Microcosme et l'effet d'Egotrophie. Ces effets donnent une coloration originale aux différents problèmes rencontrés par les PME. Les effets d'Egotrophie et de Microcosme altèrent la lucidité du dirigeant-propriétaire, ce qui renforce la vulnérabilité de la PME et donc l'effet Papillon. A son tour, l'effet Papillon renforce le sentiment aux yeux du dirigeant qu'il est indispensable, ce qui accroîtra son implication. Cette forte implication augmentera le nombre de décisions qu'il prendra et l'intensité de sa charge de travail, ce qui est propice au développement des situations d'urgence et donc au renforcement de l'effet de Microcosme. Le cercle vicieux est bouclé. *Small is difficult!*

Un management
de proximité

Au-delà de la diversité des PME, il est possible de mettre en avant un certain nombre de constantes qui définissent la spécificité de gestion des PME. Mais l'exposé qui va suivre ne cherche pas seulement à dresser une énumération plus ou moins exhaustive des traits communs aux PME. Nous voudrions aussi regrouper toutes ces caractéristiques autour d'un mécanisme fédérateur et faire de ce mécanisme le principe interne d'organisation de la PME.

Nous considérons que ce mécanisme est la proximité. Que ce soit le mode hiérarchique, la spécialisation des tâches, la gestion de l'information, les modes de coordination, la stratégie, le capital ou le marché, les formes que prennent tous ces éléments dans les PME attestent de l'importance et du rôle prépondérant de la proximité dans le fonctionnement des PME.

Un dirigeant proche de ses salariés

On reconnaît généralement aux patrons de PME d'être plus proches de leurs salariés du fait qu'ils partagent les mêmes lieux et conditions de travail. On est loin de l'image du grand patron qui domine son empire industriel depuis le dernier étage du building de son siège social. Les distances hiérarchiques et sociales sont en apparence moins grandes en PME. Pour autant, il ne faut pas en déduire que le climat est toujours plus convivial. Si la ligne hiérarchique diminue, l'absence de contre-pouvoirs renforce le rôle du dirigeant.

Toutefois, la centralisation dans les PME peut aussi faciliter l'intégration des buts individuels aux buts de l'organisation. Le patron connaît généralement tous ses salariés individuellement et peut ainsi apprécier leurs qualités et leurs faiblesses. La petite dimension des PME facilite la multiplication des contacts directs et personnels ainsi qu'un style de commandement souvent orienté vers les personnes. Cette meilleure intégration peut conduire à une valorisation personnelle de l'individu et, dans l'hypothèse où le chef apparaît comme l'élément moteur d'une telle valorisation, la centralisation sera acceptée, voire souhaitée.

En définitive, la forte centralisation des modes de gestion et la courte ligne hiérarchique confèrent à la PME un caractère de proximité hiérarchique.

Une forte imbrication
des fonctions de l'entreprise

La gestion en tant que discipline s'est développée essentiellement autour d'une grille de lecture propre à la grande entreprise : l'analyse par fonctions (fonction commerciale, fonction financière, fonction recherche et développement…). Si l'analyse par fonction est pertinente dans le cadre d'une grande entreprise, elle est en revanche inadéquate dans le cadre d'une PME où les problèmes peuvent difficilement être traités de façon aussi analytique.

Les dirigeants de PME sont souvent très polyvalents. Il n'est pas rare de voir un patron dans la même journée prospecter de nouveaux clients, répondre aux sollicitations d'un nouveau fournisseur, réparer une machine en panne et s'entretenir avec son banquier en fin d'après-midi avant de rejoindre en début de soirée un club de dirigeants. Ces activités appartiennent à des champs différents (le commercial, l'approvisionnement, le financier, la maintenance, les relations publiques) qui font l'objet d'une gestion spécialisée dans les grandes entreprises mais rarement dans les PME. Ce qui fait que la PME est souvent sous-dimensionnée en matière de spécialisation des tâches. Pour Michel Marchesnay, on observe le plus souvent dans les PME une difficulté à différencier les tâches, différenciation qui ne s'affirme qu'avec l'accroissement de la taille : par exemple, l'apparition d'un véritable service du personnel n'est effective qu'au-delà d'un seuil de plusieurs dizaines de salariés.

Au plan décisionnel, on observe également une forte imbrication entre les décisions stratégiques, administratives et opérationnelles. Là aussi, on peut parler de faible spécialisation, le chef d'entreprise étant à la fois compositeur, chef d'orchestre et, parfois, exécutant. Un grand nombre de tâches sont faites par le patron qui non seulement dirige, mais encore joue le rôle de chef de service, voire exécute des tâches. De ce fait, les PMistes considèrent la PME comme un tout où les fonctions sont toutes intégrées ou du moins très fortement reliées, et où le propriétaire-dirigeant en contrôle tous les aspects, en dirigeant plusieurs fonctions et, pour quelques-unes, en y participant directement.

En définitive, l'absence de séparation des tâches et des fonctions, l'omniprésence et la polyvalence du dirigeant confèrent à la PME un caractère de proximité fonctionnelle.

Des systèmes d'information et de coordination simplifiés

Les systèmes d'information internes des PME sont généralement simples et faiblement structurés. Les dirigeants de PME préfèrent les médias les plus informels fondés sur la communication orale, ils connaissent personnellement tous les clients et les fournisseurs de l'entreprise. Les systèmes d'information sont simples parce qu'ils sont fondés sur une forte proximité physique entre le dirigeant et les principaux acteurs de l'univers de la PME. Ce type de comportement est directement lié aux spécificités des petites organisations : la dimension relationnelle est plus importante que la dimension organisationnelle.

Si ce sous-développement des systèmes d'information est souvent interprété comme la conséquence du faible intérêt généralement porté par les dirigeants de PME à la valeur stratégique de l'information, il peut également être appréhendé comme la résultante d'un modèle de management de proximité plus favorable à la mise en place de systèmes d'information informels, souples et directs.

Cette souplesse se retrouve dans les mécanismes de coordination de la PME. Les entreprises disposent de plusieurs mécanismes pour coordonner les actions de leurs membres au sein de l'organisation. Henry Mintzberg, spécialiste canadien des structures d'organisation, a proposé une typologie des mécanismes de coordination désormais classique. Il distingue cinq mécanismes. Le plus simple de ces mécanismes est l'*ajustement mutuel* qui correspond à la situation où les opérateurs se mettent d'accord par simple communication informelle sur la manière d'effectuer un travail. L'ajustement mutuel repose le plus souvent sur une communication verbale, visuelle ou gestuelle. Ainsi, dans un atelier, les travailleurs peuvent s'ajuster les uns aux autres par simple observation. Lorsque le nombre de salariés augmente, il devient de plus en plus difficile de conserver ce type de mécanisme. Une délégation d'autorité apparaît nécessaire et s'instaure alors une *supervision directe*. Une personne est alors investie de la responsabilité du travail des autres personnes, ce qui lui confère un rôle d'ordonnancement des tâches et de contrôle au sein de l'entreprise. Ce rôle est essentiellement attribué au chef d'entreprise dans les PME mais il peut être réparti entre plusieurs personnes qui se situent tout au long d'une ligne hiérarchique plus ou moins allongée dans les très grandes organisations. Mais lorsque le nombre de personnes est trop important, il devient difficile de maintenir une supervision directe efficace. Heureusement, dans de nombreux cas, le travail dans les entreprises est répétitif et peut donc être facilement spécifié une fois pour toutes, c'est-à-dire standardisé. Mintzberg évoque alors trois mécanismes de coordination fondés sur la standardisation. La *standardisation des procédés* consiste en la spécification à l'avance du contenu du travail à réaliser. L'exemple le plus typique est la chaîne de montage où la programmation des tâches à accomplir atteint un stade très poussé. La standardisation peut concerner également les résultats à atteindre. Ces résultats correspondent généralement à une performance comme l'atteinte d'un volume de chiffre d'affaires ou la réduction d'un coût de production d'un pourcentage précis. Dans ce cas, les acteurs sont libres de conduire leur travail à leur guise pourvu qu'ils respectent l'objectif fixé. C'est le respect de cet objectif commun qui confère à la *standardisation des résultats* son rôle coordonnateur. Enfin, le dernier mécanisme repose sur la spécification de la formation et des compétences de celui qui effectue le travail. C'est la *standardisation des qualifi-*

cations. Ce mécanisme est celui qui laisse la plus grande part d'autonomie au travailleur. On peut lui faire confiance car il possède les qualifications requises pour effectuer le travail demandé. Lorsqu'un opérateur est bien formé, on peut faire l'hypothèse qu'il se comportera conformément à ce que l'on attend de lui, même si aucune autorité hiérarchique n'est à ses côtés pour vérifier et contrôler son travail.

Bien entendu, les entreprises, quelle que soit leur taille, utilisent l'ensemble de ces mécanismes pour coordonner leurs efforts. Mais il faut tout de même remarquer que les PME n'utilisent pas ces mécanismes dans les mêmes proportions. Elles réprouvent les mécanismes standardisés, lesquels seraient de nature à réduire leur capacité d'adaptation et leur flexibilité et préfèrent au contraire les mécanismes souples et directs, c'est-à-dire l'ajustement mutuel et la supervision directe, lesquels conviennent beaucoup mieux au management de proximité des PME. La prédilection de ces mécanismes conforte le rôle et l'importance de la proximité dans le fonctionnement des PME.

Une stratégie implicite et à court terme

L'horizon temporel de la PME est le plus souvent à court terme. Les comportements stratégiques sont davantage réactifs qu'anticipatifs. Les patrons de PME emploient peu de techniques de gestion. Ils préfèrent recourir à l'intuition pour prendre les décisions. Dans les PME, le processus de décision fonctionne le plus souvent selon le schéma intuition-décision-action, ce qui fait que la stratégie est avant tout implicite et très souple. Les caractères informels et intuitifs qui spécifient la stratégie de la PME trouvent explicitement leurs fondements dans un management de proximité.

Il faut convenir de la quasi-absence de planification dans les PME. L'existence de programme de recherche ou de plans de financement, de formation, de commercialisation, d'approvisionnement ou de production est rare en PME. Quand de tels plans existent, les horizons temporels sont généralement courts. En définitive, plus la taille de l'entreprise est petite, plus son horizon temporel semble court.

Les activités à horizon temporel long (recherche et développement, formation…) sont, sinon absentes, du moins relativement moins fréquentes dans les PME que dans les grandes entreprises. De plus, la PME évite les engagements lourds et massifs car ils contraignent l'entreprise sur le long terme et sont souvent source d'irréversibilité. Pour autant, cette absence de planification ne signifie pas absence de stratégie. Mais celle-ci prend des formes très particulières. La stratégie entrepreneuriale repose essentiellement sur la vision stratégique des dirigeants et revêt une grande faculté d'inflexion, rendue possible par le fait que les intentions stratégiques sont le fait d'une seule personne.

On préférera parler « d'intuition stratégique » plutôt que de planification stratégique. La souplesse des PME réside vraisemblablement dans cette proximité stratégique et temporelle qui les caractérise. Les notions de réactivité, de flexibilité, d'adaptabilité, de souplesse sont autant de qualités qui sont généralement associées à la PME et qui lui confèrent une grande capacité à infléchir les orientations stratégiques.

En définitive, la préférence pour le court terme, l'aspect intuitif de la formulation stratégique, les qualités de flexibilité, de souplesse, de réactivité dont font preuve les PME sont des signes qui témoignent d'une grande proximité temporelle.

Un capital de proximité

La nature du capital dans les PME prend elle aussi une forme très particulière. De façon imagée, on peut dire que si la richesse d'une grande entreprise se mesure à l'épaisseur de son portefeuille (non seulement financier mais aussi en termes de produits, de technologies, de compétences foncières…), celle de la PME s'évalue plutôt à la taille du carnet d'adresses de son dirigeant. Le capital n'a pas la même nature suivant l'importance de l'entreprise. Si le capital de la grande entreprise est parfaitement cessible et transférable, en revanche celui de la PME est spécifique (pour reprendre l'image, la perte d'un portefeuille enrichit la personne qui le trouve, tandis que la perte d'un carnet d'adresses peut ruiner la PME mais n'enrichit en rien celui qui le récupère). Le capital de la PME est essentiellement relationnel. Or, les relations que deux personnes nouent entre elles sont par nature spécifiques. Les individus ne sont pas interchangeables. Cette spécificité explique les grandes difficultés que les PME éprouvent lors des successions. Le capital relationnel d'un dirigeant de PME est difficilement transmissible à un nouveau repreneur.

Selon Olivier Crevoisier et Isabelle Wermeille, PMistes suisses, il existe une forte dualité des circuits de financements des activités industrielles et commerciales selon la taille des organisations. Alors que les grandes firmes se financent soit directement sur le marché international des capitaux, soit indirectement en recourant sur une base mondiale aux organismes bancaires, les PME ne financent que très rarement leurs investissements par le recours direct au marché et répugnent généralement à l'intermédiation bancaire. Les modes de financements des investissements de la PME relèvent d'une logique de proximité. Les capitaux proviennent principalement des fonds personnels du dirigeant-propriétaire apportés au moment de la création de l'entreprise et des fonds qu'il aura pu emprunter aux membres de sa famille et à ses proches. Le capital de la PME est un capital de proximité, le plus souvent un capital d'origine familiale. Ce qui fait que le montant des capitaux propres est souvent insuffisant dans les PME et que le financement des PME est un problème récurrent. Le recours au banquier est alors la solution la plus pratique. Mais, là encore, il faut remarquer que les PME privilégient les circuits régionaux de financement. En ce sens, la PME n'échappe pas à la personnalisation de la relation financière où le patron et son banquier entretiennent des relations suivies qui ne portent pas uniquement sur les aspects financiers.

On peut ajouter que le rôle joué par le capital de proximité est encore plus important dans les petites structures informelles des économies en voie de développement. Le système de la tontine est l'illustration parfaite de l'existence de modes d'épargne et de financement qui se fondent sur l'appartenance des membres à une même ethnie ou à une même communauté villageoise ou religieuse. Les fonds utilisés par les entreprises informelles proviennent essentiellement de l'entrepreneur lui-même et de son entourage familial et amical. Le recours aux prêts bancaires est très réduit, voire inexistant. Le capital informel est la forme la plus extrême du capital de proximité.

Une clientèle locale

Une fois de plus, on retrouve le caractère de proximité qui caractérise le management des PME. Les PME se définissent en général par un espace marchand relativement restreint. Les ventes se réalisent le plus communément à l'échelle locale ou régionale. Cette proximité permet au dirigeant de PME de tisser des relations privilégiées avec ses clients et fournisseurs. La prédilection des PME pour les relations économiques directes et personnalisées conduit les PMistes à employer le terme de clientèle plutôt que celui de marché, concept beaucoup plus anonyme et impersonnel qui correspond mieux à la logique de la grande entreprise.

De nombreuses enquêtes ont montré que les

PME prennent appui sur les ressources de leur environnement local afin de résoudre de nombreux problèmes. Pour le dirigeant, un comportement axé sur la proximité réduit le niveau d'incertitude et facilite l'action dans une organisation personnalisée et aux ressources limitées. Le dirigeant pense, à tort ou à raison, pouvoir contourner son handicap de taille par ses relations personnelles et par l'assise locale de son organisation. L'importance des relations de proximité physique apparaît, une fois de plus, comme le principe interne qui régit le fonctionnement spécifique de la PME.

Ce caractère de proximité est renforcé par la forte concentration des PME dans les activités de service. Le service est une activité où l'interaction entre le producteur et le consommateur est forte. Le contact avec le client est même nécessaire. Cette nécessaire proximité dans les activités de service interdit les économies d'échelle et renforce ainsi la compétitivité des petites structures. On peut même avancer que l'avantage compétitif des PME réside principalement dans leur aptitude à ne pas grandir afin d'éviter les déséconomies d'échelle.

Bien entendu, un grand nombre de PME exportent à l'étranger. Mais l'expansion internationale des PME obéit également à ce principe de proximité. L'internationalisation des PME suit un cheminement lent et progressif que les PMistes appellent le modèle séquentialiste*. Les PME exportent d'abord à destination des pays les plus proches géographiquement, c'est-à-dire les pays limitrophes. Ensuite, lorsque l'entreprise possède une expérience en matière de vente internationale, elle se risquera à exporter vers des pays plus lointains géographiquement mais qui présentent malgré tout des proximités économiques et culturelles avec leur pays d'appartenance. Par exemple, les PME françaises privilégieront le Québec à l'Australie. Pour les mêmes raisons, les PME américaines attaqueront le marché européen en commençant par les marchés du Royaume-Uni et d'Irlande.

Une forte insertion territoriale

Les rapports que les entreprises nouent avec le territoire diffèrent fondamentalement selon leur taille. Les économistes opèrent fréquemment une distinction des horizons économiques des entreprises en inscrivant la stratégie des grands groupes dans un environnement mondial et en limitant celle des PME à une dimension régionale ou locale. En effet, si l'on compare une PME avec une filiale de firme multinationale, l'enracinement territorial sera fort dans le premier cas et faible dans le second, surtout si la filiale n'est qu'un maillon dépendant et fortement intégré aux autres filiales du groupe. Au gré de leurs politiques de restructuration, il est assez fréquent que les firmes multinationales délocalisent leurs activités en fermant parfois brutalement des sites sans se soucier des dégradations qu'elles ont pu infliger à l'économie locale. Cela implique de s'interroger sur la responsabilité territoriale d'une entreprise vis-à-vis de l'espace sur lequel elle est implantée. Cela montre aussi que la force et la vitalité du tissu économique d'une région reposent d'abord et avant tout sur les PME. Parce qu'elles sont bien intégrées dans le paysage local, les PME jouent un rôle de premier plan dans le dynamisme socio-économique régional. L'enracinement territorial de la PME se nourrit des contacts étroits que le patron de PME noue avec le marché local et les fournisseurs du voisinage. Le recrutement du personnel se fait le plus souvent sur des bases relationnelles. Les propriétaires-dirigeants sont généralement natifs de la région, leurs employés également.

Cette forte insertion territoriale confère de nombreux avantages à la PME. Les petites entreprises locales, qui produisent à un coût supérieur aux grandes entreprises, compensent cet écart en minimisant les coûts de transport de la marchandise par rapport aux grandes entreprises implantées dans d'autres régions. De plus, l'étroitesse de certains marchés contribue à fidéliser les comportements d'achat de la clientèle. Ce contact permanent avec la clientèle permet au dirigeant de PME d'être sensible aux moindres évolutions du marché. Cette capacité d'écoute permet à l'entreprise d'être en veille permanente et de « coller » constamment aux attentes de la clientèle et garantit une souplesse de réaction et d'exécution en cas de changement. Les PME sont souvent incubatrices d'idées nouvelles tout simplement du fait des liens de proximité qu'elles tissent avec leur environnement local. Les patrons de PME exercent une influence réelle sur leur environnement.

Le local est en matière de géographie ce que la

PME est en économie : ces deux notions sont intimement liées car elles véhiculent toutes deux un sens plus humain et plus social. Face au pouvoir froid, impersonnel et abstrait de la mondialisation, les notions de PME et de local semblent réunies sous la même communauté de valeurs. Le local, tout comme la PME, sont les lieux où se construisent des relations humaines et de fortes solidarités tandis que la mondialisation et la très grande firme multinationale prennent davantage les traits d'un pouvoir diffus, présent de partout et nulle part à la fois. *Local and small,* voilà ce qui est *beautiful* !

Durant ces vingt dernières années, les spécialistes d'économie et de gestion ont progressivement élaboré une théorie de la PME et de son mode de gestion spécifique. Le noyau dur de cette théorie repose sur les notions de local et de proximité.

La globalisation, induisant des modes de gestion à distance, apparaît comme une tendance contre nature qui échappe au cadre de cette théorie. Toutefois, les PME peuvent mettre en œuvre des stratégies d'insertion globale originales en prenant appui sur les ressources de leur environnement immédiat. La gestion du local au service du global devient une mission nouvelle pour les collectivités territoriales.

Les PME
face à la globalisation

La Silicon Valley.

Tout le long de la baie qui relie San Franscisco à San José, sous le ciel bleu de la Californie, la Silicon Valley est le symbole du mythe américain du self-made man et de la PME high-tech de l'industrie électronique. Quand on la survole, elle ressemble à un circuit imprimé avec toutes ses puces.

Les PME, la globalisation

Vers un nouveau paradigme

Les théories classiques du commerce internatio-nal des économistes Adam Smith et David Ricardo, lesquelles remontent au XVIIIe siècle, ont fourni les principaux fondements du libre-échan-gisme. Si les frontières s'ouvrent au commerce inter-national, la pression de la concurrence étrangère force chaque économie nationale à se spécialiser dans la production de biens qu'elle peut fabriquer le plus efficacement et à importer le reste, ce qui lui permet d'atteindre un niveau de consommation plus élevé. Dans ce schéma théorique, les flux d'importation et d'exportation entre les pays ne concernent que des marchandises et des produits finis et les facteurs de production sont implicitement considérés comme statiques.

Tout le monde reconnaît aujourd'hui que ces théories sont dépassées. La tendance à l'intégration de certains marchés (Accord de libre-échange nord-américain [ALENA], Marché unique européen...) et surtout l'abaissement des coûts de transport et des droits de douane ont modifié considérablement le paysage industriel et concurrentiel des entreprises. Contrairement aux théories classiques qui postulent la fixité des facteurs de production, ces derniers deviennent mobiles. La circulation des hommes, des marchandises, des capitaux et des informations constituent les quatre points cardinaux d'une économie en mouvement croissant. Le jeu concurrentiel de plus en plus mondialisé impose désormais aux entreprises, quelle que soit leur taille, d'inscrire leur stratégie dans cette perspective planétaire. Les théories classiques ont négligé le rôle des stratégies des entreprises, lesquelles vendent et se procurent des composants et des matériaux dans le monde entier, s'implantent dans plusieurs pays pour bénéficier de faibles coûts de production et nouent des alliances avec des firmes étrangères. La notion de globalisation traduit un changement de paradigme, c'est-à-dire l'émergence d'un nouveau cadre de référence des économies et des entreprises.

Les sens de la globalisation

A partir des années 90, le terme « globalisation » va se substituer aux notions d'internationalisation et de multinationalisation, qui étaient jusqu'alors couramment utilisées pour décrire l'ouverture des économies et les stratégies d'expansion des entreprises. Les changements de terme traduisent toujours une rupture. Quel est le sens de ce changement terminologique ?

Pour certains, la globalisation signifie une intensi-

fication et une accélération du processus d'internationalisation. La globalisation serait le stade ultime de
la tendance à l'internationalisation des économies et
à la multinationalisation des entreprises. S'il est vrai
que le commerce international s'est intensifié et que
les entreprises se multinationalisent quasiment instantanément au gré des accords et des fusions à
l'échelle mondiale, cette explication n'est toutefois
pas suffisante car elle ne suggère pas un changement
de nature mais seulement le prolongement de tendances déjà existantes.

En premier lieu, on doit remarquer que la racine
« nation » contenue dans international et multinatio-
nal a disparu dans le terme « globalisation ». La globalisation signifie un effacement certes progressif
mais néanmoins réel de la dimension nationale
comme cadre de référence pertinent. Les États-
nations, surtout si l'on songe aux pays européens,
sont tiraillés simultanément par des forces infranatio-
nales et supranationales. L'avancée de la construction
européenne, dont l'euro est un moment clé, va de
pair avec la décentralisation vers les régions. Ces deux
tendances ne sont pas contradictoires mais complé-
mentaires. Elles signifient que les échelles appro-
priées diffèrent selon la nature des problèmes. Alors
que certains problèmes d'ordre économique sont
traités à l'échelle supranationale, la monnaie par
exemple, les problèmes sociaux semblent nécessiter à
l'inverse davantage de proximité de la part des pouvoirs publics. Les phénomènes d'exclusions sociales
(les SDF...) et spatiales (les banlieues...) nécessitent

de transférer une grande part de la mise en œuvre du dispositif d'intervention aux institutions locales. L'espace national n'est plus l'échelle de référence unique.

De même, la notion de nationalité n'est plus un critère pertinent pour définir les entreprises. Dans *L'Économie mondialisée,* Robert Reich, économiste américain, montre que pour améliorer la balance commerciale des États-Unis, il vaut mieux que le consommateur américain achète désormais une voiture Honda qu'une Pontiac Le Mans. Ce qui est bon pour General Motors n'est plus forcément bon pour les États-Unis. Les produits sont de plus en plus des assemblages de composants fabriqués dans des ateliers disséminés dans le monde. Le « *made in* » ne signifie plus grand-chose. Les entreprises sont comme les produits, de plus en plus déconnectées du territoire national.

On ne peut plus raisonner en termes de juxtaposition des espaces nationaux indépendants et distinctement délimités par une frontière. Il faut au contraire intégrer la diversité des échelles spatiales et réfléchir à leur interdépendance. La nouvelle grille d'analyse spatiale n'est plus fondée sur l'opposition national/international mais sur l'articulation entre le global et le local. Les espaces-territoires deviennent des espaces-gigognes.

En second lieu, on ajoutera que la globalisation est un concept à double sens. Michael Porter, professeur de stratégie à l'université d'Harvard à Boston, définit la stratégie de globalisation à l'aide de deux critères : la dispersion internationale des activités de l'entreprise d'une part et la coordination internationale des activités d'autre part. Autrement dit, le fait qu'une entreprise soit présente dans plusieurs pays, dans plusieurs continents, est une condition nécessaire mais pas suffisante pour qualifier sa stratégie de globale. Il faut encore que les différentes unités de l'ensemble soient coordonnées. La globalisation, c'est de la dispersion coordonnée. Autrement dit, entre une grande entreprise qui possède une cinquantaine de filiales dans le monde, chacune étant très autonome et peu coordonnée aux autres, et une petite entreprise qui possède deux unités de production, l'une en France et l'autre à l'étranger et dont les deux unités sont cooordonnées, on dira que la seconde entreprise adopte une stratégie de globalisation et non la première. Il faut justifier le changement de terme par une analyse qualitative. Ce ne sont pas le nombre de filiales à l'étranger ou le taux d'exportation qui fondent la globalisation mais l'existence d'une coordination internationale. C'est la capacité de combiner des ressources géographiquement dispersées que les observateurs ont utilisée comme critère de distinction entre les entreprises internationales et multinationales classiques et les entreprises globales. La globalisation peut être définie par le degré d'accessibilité aux variétés de ressources et de compétences qui sont réparties à travers le monde. Le concept de globalisation suggère une approche globale, c'est-à-dire systémique des relations d'interdépendance qui s'instaurent à l'échelle mondiale entre les différents acteurs économiques.

De l'économie locale à l'économie globale

En l'espace d'un siècle, le cadre spatio-temporel de l'économie a subi une révolution complète, passant d'une économie locale et stable à une économie globale et où les changements sont fréquents.

Au cours du XIXᵉ siècle, la plupart des activités économiques résident dans l'agriculture et l'artisanat. Dans ces types d'activités, les métiers se transmettent progressivement au fil du temps, de génération en génération. Le XIXᵉ siècle se caractérise aussi par une industrie naissante, dont l'organisation s'effectue dans le cadre de fabriques et de manufactures au sein desquelles les artisans perpétuent des méthodes de fabrication traditionnelles. C'est aussi la période où la plupart des échanges économiques s'opèrent dans un espace restreint. Les modes de transport sont peu sophistiqués et trop coûteux pour s'aventurer « au loin ».

Dans le courant du XXᵉ siècle, les évolutions économiques vont aller dans le sens d'un dualisme des formes d'organisation du travail. Tout d'abord, apparaît la grande industrie lourde. Les vagues de fusion et la tendance à la concentration industrielle vont faire naître de puissants groupes industriels et financiers dont la gestion (fonction de direction) va échapper aux propriétaires. Cette dissociation entre les fonctions de propriété et de management constituera le fait marquant de ce que l'on appelle la « révolution managériale ». Le stéréotype de l'artisan cède le pas à celui du manager. La croissance du groupe devient alors le principal objectif de ces managers qui gagnent ainsi en salaire, en prestige et en pouvoir. La maximisation de la croissance va amener ces groupes à rapidement s'internationaliser en élargissant d'une part leurs espaces de marché au-delà des frontières nationales mais aussi en investissant directement à l'étranger. L'émergence, puis le développement des firmes multinationales va devenir un des faits majeurs de l'économie managériale. Le modèle de la firme multinationale est particulièrement adapté aux situations où les espaces de marchés sont vastes (espace long) et où l'environnement est suffisamment stable pour être compatible avec les politiques de standardisation des produits et des processus de production (temps long).

La PME ne disparaît pas pour autant. Le XXe siècle est aussi marqué par la tertiarisation de l'économie et, à partir des années 70, par une instabilité croissante. La PME apparaît alors comme une forme d'organisation particulièrement adaptée à ce contexte. La capacité de satisfaire une demande de plus en plus soucieuse de diversité devient la clé de la performance. Les PME passent facilement de la fabrication d'un modèle à un autre. Elles sont particulièrement bien adaptées à la production à l'unité, de technicité faible ou élevée. Non seulement les PME paraissent plus souples mais elles font aussi preuve d'une plus grande adaptation face à la crise. L'entrepreneur, dont l'essence est de saisir les opportunités dans un environnement instable, devient la figure emblématique d'une économie en crise depuis la fin des années 70. Cette économie entrepreneuriale, fondée sur le modèle de la PME, est donc à la fois plus flexible (temps court) et plus proche du client (espace court).

Mais, à la fin de ce siècle, les progrès réalisés dans les technologiques d'information et de communication ainsi que dans le domaine des transports, de même que l'accélération du rythme de l'innovation ont exercé une double influence sur le processus de mondialisation. Le développement des infrastructures (transports et énergie, télécommunications) tend à élargir davantage la dimension spatiale tandis que les progrès de l'électronique, qui permettent de programmer des événements en temps réel, tendent à contracter la dimension temporelle. Sous les effets combinés de cette « révolution logistique », les délais de réaction des entreprises se raccourcissent simultanément à l'élargissement spatial généralisé de leurs activités. La compétition globale est non seulement d'envergure mondiale mais aussi de plus en plus fondée sur le temps. La rapidité de réaction devient une arme stratégique pour les entreprises. Les délais qui séparent la phase de conception d'un produit de celle de sa commercialisation se sont considérablement raccourcis. De même, le cycle de vie international du produit tend à se contracter. Bien des produits sont désormais commercialisés simultanément dans le monde entier.

Au total, l'économie a subi pendant ce siècle une

révolution complète de son cadre spatio-temporel. Les évolutions technologiques qui sous-tendent la globalisation accélèrent de façon remarquable le basculement d'une économie locale relativement stable vers une économie en mouvements perpétuels et quasi planétaires. Dans cette économie globale, le réseau est unanimement considéré comme le modèle d'organisation le plus adapté. Le réseau est en effet capable de fonctionner dans un cadre spatial élargi et dans un cadre temporel raccourci. Selon Robert Reich, la nouvelle entreprise-réseau transcende l'opposition entre la grande et la petite entreprise : « La grande firme n'est plus une grande entreprise ; mais ce n'est pas non plus un simple ensemble d'entreprises plus petites. C'est un réseau d'entreprises. Il devient de plus en plus difficile de trancher le débat concernant les mérites relatifs entre grande et petite taille dans une économie de plus en plus mondialisée où les entreprises prennent davantage la forme d'un vaste réseau mondial que celle d'une entité aux contours juridiques bien délimités. »

La globalisation a des conséquences diamétralement opposées selon le type d'entreprise. La grande entreprise doit maintenir son envergure mondiale tout en apprenant à réagir plus vite tandis que la PME doit maintenir sa réactivité tout en apprenant à agir plus loin.

Les PME, management
└ classique
└ managériale

La globalisation dénature la PME

Toutes ces ruptures évoquées par le concept de globalisation semblent en contradiction avec la spécificité de gestion de la PME, laquelle est à l'inverse fondée sur un management de proximité. De nos jours, l'internationalisation des entreprises se fait plus précoce. On dénombre de plus en plus de petites entreprises qui exportent dans de nombreux pays l'année même de leur création. Certaines n'hésitent pas à s'insérer dans des réseaux d'affaires internationalisés. Mais le fait le plus notable est le nombre croissant de PME qui investissent directement à l'étranger. De plus en plus de PME créent ou délocalisent des unités de production ou de commercialisation à l'étranger. On les appelle les « baby-multinationales* ». Certaines d'entre elles adoptent de véritables stratégies de globalisation. Elles se caractérisent par un espace de fonctionnement dispersé et coordonné à l'échelle de plusieurs pays. Ce type de stratégie est vraisemblablement la réponse la plus adaptée à la contrainte de mondialisation. Mais elle implique de nombreuses transformations, notamment concernant les systèmes de gestion et de pilotage de l'entreprise. Les PME globales ne ressemblent plus à leurs homologues classiques. Elles adoptent un management à distance et n'hésitent pas à appliquer les modes de gestion sophistiqués des grandes entreprises. La stratégie de globalisation dénature la PME.

D'un management de proximité à un management à distance

Le management de proximité qui définit la spécificité de gestion des PME semble difficilement compatible avec l'adoption d'une stratégie de globalisation.

Ainsi, la centralisation de la gestion qui correspond au schéma classique de la PME devient rapidement une source de dysfonctionnement dans un contexte global. Les distances géographiques atténuent l'efficacité de la supervision directe. La stratégie de globalisation incite à davantage de décentralisation au sein de l'organisation. Même si les décisions stratégiques restent l'apanage de la société-mère, la gestion opérationnelle des filiales est, la plupart du temps, déléguée à un responsable local. La stratégie de globalisation conduit ainsi à une meilleure délimitation des problèmes stratégiques et opérationnels, lesquels sont en général intimement liés dans les PME classiques.

En ce qui concerne la faible division des tâches, il semble également que cette caractéristique disparaisse dans le cadre de la stratégie de globalisation. La

PME globale se définit au contraire comme une entreprise qui pousse au maximum la décomposition des tâches pour pouvoir les localiser dans des conditions optimales d'implantation. On peut prendre l'exemple de cette petite entreprise de vingt salariés, leader mondial dans la fabrication de colorant naturel rouge et située à Saint-Julien-de-Peyrolas dans le Gard. Cette entreprise qui extrait le pigment naturel du raisin, l'anthocyane, a mis au point un procédé de production industriel qui repose sur deux opérations distinctes : l'extraction et le raffinage. L'avantage de cette spécialisation des tâches est d'avoir permis à cette PME de créer une filiale de production spécialisée dans l'activité d'extraction, la plus consommatrice en main-d'œuvre, en Afrique du Nord afin de réduire ses coûts de fabrication.

De même, la préférence des dirigeants de PME pour les médias les plus informels et la communication orale devient rapidement inefficace dans le cadre international. Lorsque l'étendue géographique du marché s'élargit, il devient plus difficile pour le dirigeant de maintenir des contacts étroits et directs avec ses clients. Bien entendu, cela se complique lorsque l'entreprise délocalise également une partie de sa production à l'étranger. L'éloignement des principaux partenaires de l'entreprise (clients, fournisseurs, employés, partenaires...) conduit le dirigeant à mettre en place un système de collecte d'informations beaucoup plus sophistiqué. Les PME globales qui disposent d'unités à l'étranger sont souvent amenées à demander aux responsables de filiales de trans-

mettre régulièrement des rapports écrits et de se soumettre à des règles précises : rapports d'activité
(reporting), tableaux de bord, budgets… La transmis-
sion de l'information devient alors plus formalisée.
L'éloignement géographique pousse à la formalisation, la distance nécessitant un recours plus important à l'écrit. D'une manière générale, on comprend
là comment les configurations spatiales rejaillissent
sur la gestion de l'information de l'entreprise.

Lorsque l'entreprise disperse ses activités, les
mécanismes de coordination tendent eux aussi à se
transformer. La PME globale met en place des mécanismes de coordination de plus en plus standardisés.
La formation permet de maintenir un fort niveau de
coordination des activités malgré l'éloignement géographique car elle standardise les qualifications. La
standardisation ne se limite pas aux seules compétences des acteurs. Ainsi, la standardisation des procédés et des résultats, autres formes de coordination,
sont également utilisées depuis longtemps par les
entreprises pour diriger leurs filiales dans le monde
entier. La gestion globale nécessite en effet une planification et un contrôle particulièrement développés
afin que les activités dispersées géographiquement
s'intègrent bien dans les systèmes d'objectif du
groupe. On passe de l'ajustement mutuel et de la
supervision directe, mécanismes souples et simples, à
un système beaucoup plus standardisé, nécessitant
des procédures parfois lourdes, longues et coûteuses
mais très efficaces pour gérer un dispositif dispersé
spatialement. C'est parce que les différentes unités

d'un groupe utilisent les mêmes règles, obéissent aux mêmes principes, respectent les mêmes procédures qu'elles sont fortement coordonnées quelle que soit leur localisation.

La stratégie de globalisation a également des implications au niveau du processus de décision. Le schéma intuition/décision/action et le court-termisme des décisions du dirigeant de PME classique ne sont plus valides dans la PME globale. La globalisation implique au contraire une approche beaucoup plus planifiée et de long terme. Les stratégies globales sont nécessairement axées sur le long terme car plus on va vite, plus on a besoin de visibilité.

Enfin, en ce qui concerne le marché, il est clair que la PME globale se définit par un marché d'envergure mondiale. En matière de commercialisation, les PME globales sont souvent des adeptes du commerce électronique, utilisant toutes les formes de technologies d'information et de communication avancées. Internet permet un développement international rapide, relativement peu onéreux et efficace. De plus, Internet est une technologie qui facilite la surveillance des marchés et la veille technologique*. Dans le but de promouvoir l'utilisation des technologies de l'information et de la communication, en particulier d'Internet, le secrétariat d'État au Commerce extérieur récompense, depuis 1998, des PME pour la qualité de leurs sites Internet en faveur de l'exportation. A cette fin, la création du label « Les Exportateurs sur la toile » permet de distinguer les meilleures réalisations de PME françaises. Parmi les entreprises primées, on trouve tous les secteurs de l'industrie et des services : ainsi, l'entreprise Cap Sud qui loue des catamarans dans les Antilles ou l'entreprise The Best of French Cheeses qui vend des plateaux de fromage en ligne. Le commerce électronique peut constituer une revanche des petits fournisseurs lesquels, en s'adressant directement au consommateur final, peuvent se délivrer du joug des grandes surfaces et des distributeurs. La vente à distance devient aussi aisée que la vente de proximité. C'est désormais au travers de communications à distance que s'installent les facteurs de compétitivité de l'entreprise.

L'organisation et la stratégie de la PME globale se situent aux antipodes de la PME classique. Le seul point commun demeure le petit effectif. Mais le modèle de management se transforme radicalement. C'est parce que la globalisation induit un mode de management à distance qu'elle constitue une tendance contre-nature au management de proximité de la PME classique.

D'une PME classique à une PME managériale

Dans son étude consacrée à *la modernisation des PME,* le sociologue Joseph Romano considère que les PME sont fondamentalement dominées par les normes de plus en plus contraignantes des grandes entreprises. La diffusion de nouvelles règles organisationnelles s'inscrit au cœur même des stratégies de rationalisation liées à la mondialisation. Ces pratiques managériales restreignent l'indépendance des PME et amenuisent leur marge de manœuvre. Les PME se fondent dans la dynamique industrielle globale imposée par les grands groupes mondialisés. L'État, en aidant les PME à se moderniser, vise surtout à leur permettre de s'adapter et de s'approprier ces nouvelles règles édictées par les grands groupes industriels. La réflexion de Romano débouche alors sur une interrogation paradoxale. Dans une période où l'État se désengage, n'assisterions-nous pas à une progressive absorption de certaines PME par la sphère publique?

Cette thèse provocatrice incite à réfléchir sur l'impact des nouvelles pratiques de management sur le mode de gestion classique des PME. La tendance à la mondialisation des marchés et de la concurrence exige souvent des pratiques d'excellence. L'échange de données informatisé (EDI), la production en juste-à-temps (JAT), la normalisation ISO (International Standard Organization), la multiplication des stratégies d'alliances, l'insertion dans des réseaux d'affaires internationaux, l'accès au marché du capital-risque*, le commerce électronique… sont des pratiques qui s'inscrivent dans cette nouvelle perspective. Or, toutes ces pratiques tendent à remettre en cause le modèle de gestion classique de la PME.

Par exemple, l'analyse des situations de réseau met souvent l'accent sur la nécessité d'un travail collectif, en rupture avec le modèle de la PME organisé autour de son seul dirigeant. Pour s'engager dans une stratégie d'alliance, le dirigeant de PME doit généralement accepter d'aliéner une partie de son indépendance. Si tous les dirigeants de PME ne sont pas prêts à réduire leur indépendance, il semble au regard de plusieurs enquêtes qu'ils sont de plus en plus nombreux à s'engager dans cette voie. De même, la certification-qualité est devenue une réalité pour de plus en plus d'entreprises de petite taille. La certification impose à la PME de passer d'un mode de gestion informel et processuel à un modèle formel, planifié, où le poids des procédures écrites est renforcé. La certification implique une élévation du niveau de gestion de la PME. Il en va de même lorsque la PME met en place un système de gestion en flux tendus. Les techniques du JAT modifient radicalement la gestion de la PME et exigent une gestion de l'information en temps réel nécessaire pour accompagner les flux de matières. L'EDI est précisément une technologie qui permet à des entreprises de s'échanger des documents (commandes, factures…) instantanément grâce à des liaisons télématiques. Cette technologie permet de gagner du temps, grâce notamment à la réduction des phases de saisies et à l'automatisation de tâches répétitives. Mais l'EDI entraîne aussi une normalisation des protocoles d'échange, lesquels se substituent aux modes de communication souples et informels qui prévalent généralement en PME. L'adoption du système EDI/JAT suppose une reformulation en profondeur de la structure et de l'organisation des PME.

Les pratiques de capital-risque occasionnent elles

aussi de nombreuses transformations sur le management de la PME. En effet, le capital-risque est une prise de participation minoritaire dans une PME non cotée en Bourse qui s'accompagne généralement d'un suivi financier attentif de la part du capital-risqueur. La PME financée par capital-risque se retrouve alors confrontée à un actionnaire partenaire qui va nécessairement interagir sur la stratégie et l'organisation de la PME. Le financement par capital-risque est en rupture par rapport à la logique financière des PME familiales, lesquelles n'ont de comptes à rendre à personne.

En définitive, toutes ces pratiques managériales impliquent la mise en place de modes de management qui substituent le formel à l'informel, la procédure au processus, la planification à l'intuition, l'écrit à l'oral, l'interdépendance à l'indépendance... c'est-à-dire des modes de management qui sont souvent synonymes de perte de spécificité pour la PME. On peut véritablement parler de phénomènes de dénaturation de la PME*. Au côté de la PME classique, décrite dans la première partie, on peut opposer l'existence d'une nouvelle forme de PME que nous appelons la PME managériale*. Cette PME est non seulement une entreprise dont la structure du capital n'est plus conforme à la situation classique où le dirigeant est l'unique propriétaire mais également une PME dont les pratiques de gestion font appel à des compétences managériales relativement sophistiquées. La mise en évidence de ces nouvelles pratiques en PME amène à s'interroger sur la permanence de la spécificité de gestion des PME. La perte de spécificité engendrée par ces nouvelles pratiques tend à rapprocher le fonctionnement de ces PME de celui de la grande entreprise. Ces PME sont de grandes entreprises en miniature. Le paradoxe est là : le modèle de gestion de la grande entreprise est peut-être de plus en plus le modèle d'avenir de la PME. *Big is still beautiful!*

district industriel
milieu internalisant
partage

Réconcilier le local
et le global

La théorie de la glocalisation

Les mathématiques nous enseignent depuis long-temps qu'un *extremum* local n'est pas forcément un *extremum* global. Il en va de même pour l'économie. La contrainte de globalisation a poussé ces ramifications jusqu'aux moindres recoins de notre économie. Une situation satisfaisante à l'échelle d'une région ou d'un pays peut ne plus satisfaire les exigences de la compétition mondiale. De nombreux exemples prouvent que des régions gagnent et que d'autres perdent. Les régions qui gagnent sont celles qui ont su, grâce au poids de l'Histoire ou du fait d'une politique déli-bérée et offensive d'aménagement du territoire, bâtir des zones industrielles géographiquement concen-trées et incontestablement compétitives à l'échelle planétaire. Le district industriel représente le concept qui permet le mieux de comprendre cette réalité. Ce concept vient de l'analyse faite au début du XXᵉ siècle par Alfred Marshall dans certaines régions de

Grande-Bretagne et se définit comme un système productif local composé pour l'essentiel de petites entreprises bien intégrées dans des activités semblables et dont la spécialisation sur des phases spécifiques de production confère à l'ensemble du système une grande flexibilité. Cette notion a connu un essor particulièrement remarquable en Italie où de nombreux regroupements régionaux de petites entreprises artisanales fonctionnent en étroite collaboration. Mais on retrouve ce phénomène de polarisation spatiale dans le monde entier. Parmi les exemples bien connus, on peut citer l'industrie informatique aux États-Unis (Silicon Valley, Route 128), l'industrie cinématographique (Hollywood aux États-Unis, Berlin en Allemagne), l'industrie pharmaceutique à Bâle en Suisse, la haute couture à Paris ou à Milan... Ces phénomènes de concentration peuvent parfois se restreindre à la dimension d'un quartier comme le Sentier à Paris ou d'une rue comme la Madison Avenue de New York où sont regroupées les grandes agences américaines de publicité...

Tous ces exemples laissent entendre que les avantages concurrentiels ont une dimension locale et non pas nationale et que la PME peut élaborer sa compétitivité sur les marchés mondiaux à partir d'une forte intégration locale. Si la compétition est devenue globale, la compétitivité reste encore très souvent ancrée à l'échelle locale. Plusieurs PMistes vont alors élaborer ce que nous qualifierons une théorie de la « glocalisation* », néologisme qui résulte de la contraction des termes « global » et « local ». Cette théorie se fonde sur le principe selon lequel la proximité exerce un rôle actif dans l'insertion globale des PME. Les performances des PME dépendent de la disponibilité et de la qualité des ressources locales car c'est à cette échelle qu'elles recherchent prioritairement leurs ressources extérieures. Le concept de base de cette théorie est la notion de milieu internationalisant*. Plusieurs études originales menées notamment par le GREPME (Groupe de recherche en PME) au Québec et par le CEFI (Centre d'économie et des finances internationales) et le CER (Centre d'économie régionale) d'Aix-en-Provence vont alors montrer que la composition et la qualité du milieu économique local sont des facteurs de réussite pour l'internationalisation des PME. Les PME accordent en général une préférence à leur région d'implantation pour toutes les opérations qui constituent le noyau dur de l'activité internationale, à savoir le transport-transit, le financement et la mobilisation des aides publiques. L'étude du CER montre également que certains milieux d'implantation permettent un meilleur contact des entreprises avec le reste du monde. Pour qu'un milieu soit internationalisant, plusieurs conditions doivent être respectées.

En premier lieu, le milieu doit être doté d'infrastructures de communication rapides. La proximité d'un aéroport, d'un réseau autoroutier ou d'une zone portuaire désenclave une région et facilite son attractivité. Il s'agit de faciliter la mobilité des hommes et des marchandises. Ces ressources sont génériques car on les retrouve partout du fait de la politique homogénéisante de l'État qui tend à une certaine égalité de traitement des régions en France.

En second lieu, le milieu doit posséder des ressources spécifiques. Ce sont ces ressources qui font la différence d'une région à l'autre. Par exemple, l'implantation de firmes multinationales au nom prestigieux accroît la crédibilité et améliore l'image de marque internationale d'un territoire. La réussite de la technopole Sophia-Antipolis est due en grande partie à l'implantation d'IBM et de Texas Instrument, lesquelles ont suscité l'afflux d'un grand nombre d'entreprises dans les secteurs de l'informatique et de l'électronique. Ces activités sont désormais parmi les plus exportatrices de la région, loin devant la vieille industrie chimique de Grasse et le prêt-à-porter qui ont pourtant longtemps dominé l'activité industrielle de la Côte d'Azur. Le caractère internationalisant d'un milieu dépend aussi de l'attitude des grandes entreprises qui peuvent faciliter l'insertion globale des PME. Par exemple, une entreprise comme EDF réalise fréquemment des opérations de portage* pour le compte de ses clients PME. Le portage est une opération par laquelle une entreprise, généralement une PME, est « portée » à l'étranger grâce à l'appui d'une grande entreprise qui lui fait profiter de son réseau international. La prestation de portage peut aller de la simple fourniture d'informations concernant un pays à la mise à disposition d'une représentation commerciale voire d'un accompagnement dans les négociations à l'étranger. De même, la présence d'une forte communauté étrangère (travailleurs immigrés, étudiants...) est aussi un facteur qui est de nature à renforcer les liens économiques internationaux entre la région dans laquelle ils résident et leurs divers pays d'origine.

Les milieux internationalisants se caractérisent aussi par le nombre et la qualité des prestataires de services en management international. La densité de sociétés d'import-export ou de consultants en développement international est un atout qui diffère selon le territoire d'implantation de l'entreprise. De même, l'offre de formation régionale en management international, tout particulièrement adaptée aux PME, peut aussi exercer un facteur d'impulsion de l'ambition internationale des entreprises locales. Les étudiants sortant d'une école de commerce ou d'une université et ayant acquis une formation en management international créent par leur présence et leurs initiatives un environnement favorable à l'insertion internationale d'une région et de ses entreprises.

De nombreux organismes publics ou privés ont également pour vocation de soutenir le commerce extérieur et de faciliter l'accès au marché mondial. Les chambres de commerce et d'industrie (CCI) sont souvent dotées d'un service extérieur qui organise régulièrement des missions de prospection à l'étranger. La délégation régionale du Commerce extérieur (DRCE) apporte de nombreux soutiens et facilite notamment la connexion entre les entreprises locales et les postes d'expansion économique localisés dans presque tous les pays du monde. La DRCE a aussi pour mission de favoriser les contacts entre les petites entreprises locales et le réseau des conseillers du commerce extérieur. Ces conseillers sont généralement des professionnels qui disposent d'une solide expérience en management international et qui sont disposés à en faire bénéficier des entreprises novices en la matière. Cette mise en réseau s'appuie aussi sur des associations privées. Par exemple, le Club des exportateurs* est une association nationale qui dispose d'une délégation dans toutes les régions françaises. Ce club organise régulièrement des rencontres entre les professionnels du commerce international et sensibilisent les entreprises adhérentes, généralement des PME, aux difficultés et aux spécificités de l'international.

La plupart des PME ne s'engagent pas à l'international seules mais avec le concours de tous les acteurs du territoire sur lequel elles sont implantées. La densité, la diversité et le dynamisme de ces acteurs-relais du commerce extérieur constituent des ressources propres à chaque région. Malheureusement, l'impression qui prévaut est trop souvent celle d'un éparpillement des forces et des moyens. Les dispositifs d'entraide et de soutien sont nombreux et chaque organisme, par souci de préservation de son identité, développe sa propre stratégie. La coordination des efforts de cet ensemble hétérogène est une nécessité dans de nombreuses régions. C'est précisément à ce niveau que les collectivités territoriales peuvent agir utilement.

Le rôle des collectivités territoriales

L'émergence de synergies est rarement spontanée, encore moins automatique. Le maillage entre les entreprises et les institutions s'inscrit nécessairement dans le temps. Les habitudes de travail en commun ne peuvent se développer qu'à moyen-long terme. Pour accélérer le processus de mise en réseau, les collectivités territoriales peuvent jouer un rôle de premier plan en prenant en charge ce que Colette Fourcade, spécialiste française du développement local, appelle l'*activation résiliaire*. Le cas de la technopole de Montpellier est à cet égard tout à fait éclairant.

Dans cette région, le tissu économique est composé essentiellement d'entreprises de petite taille, sans spécialisation industrielle et surtout sans histoire industrielle commune contrairement aux cas des districts industriels. L'atout de cette région résidait néanmoins en la présence d'un grand pôle universitaire et de nombreux instituts de recherche. Mais la plupart des laboratoires de recherche travaillaient sur des programmes de recherche fondamentale, difficilement transférables vers les petites firmes. Les petites entreprises ne pouvaient donc s'intégrer à un réseau territorialisé. La collectivité territoriale, à savoir le district de Montpellier, va alors prendre deux séries de mesures : d'une part, elle va renforcer le branchement des acteurs locaux sur des réseaux génériques publics et parapublics comme l'ANVAR (Agence nationale pour la valorisation de la recherche) ou le CRITT (Centre régional d'innovation et de transfert de technologie), facilitant ainsi la circulation des informations ; d'autre part, elle va créer des « acteurs-relais » comme le Centre européen d'entreprise et d'innovation, pépinière d'entreprises nommée Cap Alpha, suscitant l'émergence et le renforcement de petites entreprises innovatrices. Cette pépinière d'entreprises a accompagné depuis 1987 plus de deux cents entreprises créant et induisant environ trois mille emplois dans la région de Montpellier.

On voit bien à travers cet exemple combien le rôle des collectivités territoriales est primordial, surtout lorsque ce développement s'appuie sur des PME. Mais si les réseaux technopolitains ont pour objet la diffusion de l'innovation vers les entreprises du territoire et notamment vers les plus petites, ils ne doivent pas se limiter aux seuls acteurs locaux. Des acteurs comme les universités ou les laboratoires de recherche peuvent être insérés dans des réseaux d'innovation internationaux. Le réseau technopolitain va bénéficier directement ou indirectement de ces relations. Le réseau innovateur local permet alors aux petites entreprises de sortir de leur isolement quant à l'innovation, en même temps qu'il leur donne accès par les connexions entre réseaux internationaux à un environnement technologique dépassant très largement le territoire local. Colette Fourcade qualifie ce phénomène de *synergies transrésiliaires transnationales*.

L'avantage concurrentiel d'un territoire repose sur l'aptitude des différents acteurs publics et privés de la région à s'insérer dans des relations d'interdépendance, lesquelles s'établissent tant à l'échelle locale qu'à l'échelle mondiale. Mais ces relations ne se décrètent pas. Elles se construisent dans la durée et de nombreux freins existent. Les dirigeants de PME hésitent très souvent à s'insérer dans des structures en réseau de crainte de perdre leur autonomie et leur indépendance. D'où l'importance de l'activation résiliaire mise en œuvre par les collectivités territoriales. Ces dernières doivent également veiller à ne pas laisser le territoire s'enfermer dans un isolement excessif. Les réseaux technopolitains et territorialisés doivent se connecter sur le reste du monde. La pérennité d'un territoire repose grandement sur les relations extra-territoriales nationales et surtout internationales que les acteurs locaux ont nouées avec d'autres partenaires. Les collectivités territoriales doivent accroître le degré d'accessibilité aux ressources et aux compétences qui sont réparties à travers le monde. Par exemple, en matière de financement, le Fonds européen de développement régional (FEDER) est un instrument de la politique européenne qui vise notamment à promouvoir des projets transfrontaliers et transnationaux qui mettent en œuvre des PME des pays de la Communauté. Ces financements européens sont destinés à assister les PME dans leur démarche commerciale à l'étranger, dans l'obtention d'un partenariat ou dans la réalisation d'un projet de recherche-développement technologique. Toutefois, les PME ont souvent beaucoup de mal à solliciter ces aides du fait des difficultés qu'elles éprouvent pour remplir les dossiers de demande de subvention qui leur paraissent trop « technocratiques ». Certaines collectivités territoriales, soucieuses de drainer les aides financières provenant des fonds structurels européens et conscientes de ce problème, ont engagé des chargés de mission dont la fonction est précisément de faciliter la démarche d'obtention de ces fonds. Les missions que mène la DATAR (Délégation à l'aménagement du territoire et à l'action régionale) se trouvent également au cœur de cette nouvelle problématique de la globalisation des économies régionales. Cet organisme conduit depuis plusieurs années de nombreuses actions et réflexions sur l'orientation des politiques publiques en faveur de l'intégration des territoires au processus de globalisation, sur l'attractivité internationale des territoires et sur les politiques régionales d'accueil des investisseurs étrangers.

Le management global des territoires est une nécessité et de plus en plus de collectivités territoriales, comme les municipalités, les conseils généraux et régionaux prennent conscience de cette dimension. Les stratégies de développement local ne peuvent se réduire à la dimension locale mais doivent s'insérer dans la dynamique de la globalisation de l'économie. C'est le global qui est constitutif du local et non l'inverse. De ce fait, la gestion du local au service du global est une des missions qui ne peut que s'intensifier à l'avenir. Les offres d'emploi de la rubrique « Initiatives locales » du journal *Le Monde* fournissent tous les mardis des preuves de cette évolution. Les profils de poste des chargés de mission économique de développement local présentent de plus en plus un caractère international.

Il n'existe pas encore en France de formation combinant les spécificités du management international des PME avec celles des territoires. Pourtant, le lien de plus en plus étroit entre la compétitivité des territoires et la compétitivité des PME rend de moins en moins contestable la nécessité d'une articulation entre les deux types de compétences. Une PME qui désire mettre en œuvre une stratégie d'internationalisation doit être capable de connaître et de mobiliser toutes les ressources publiques et privées qui, dans son environnement proche, sont susceptibles de l'aider. De même, un cadre ou un chargé de mission d'une administration territoriale doit être capable d'adapter les dispositifs d'aide et de soutien aux entreprises qui en ont le plus besoin, c'est-à-dire les PME.

La contrainte de globalisation exige de nouveaux modes d'organisation à la fois efficients et flexibles. Dans ce nouveau contexte, quelques PME ont adopté une véritable stratégie globale. Cette voie est vraisemblablement la plus ambitieuse à long terme mais elle induit un bouleversement total du système de gestion de l'entreprise. Les PME globales mettent en place des modes de gestion à distance en rupture totale avec le management de proximité des PME classiques. Doit-on conclure que, face à la globalisation, les patrons de PME n'ont d'autres choix que de transformer leur entreprise aussi radicalement? Non, car il est toujours possible d'articuler les modes de gestion de proximité aux exigences de la globalisation. C'est ce que l'on appelle la stratégie de glocalisation. La dynamique des réseaux territorialisés tire sa force de la capacité qu'ont les acteurs locaux de saisir les opportunités de marché, de s'adapter et d'abandonner les technologies obsolètes, et d'orienter le système productif vers le marché global. Le mode de fonctionnement des réseaux locaux repose sur une forte proximité, même si la clientèle est fortement dispersée. Dans ce cas, le rôle des collectivités territoriales se trouve renforcé. Ces dernières doivent d'une part établir les conditions d'un développement local durable et d'autre part construire un pont entre le local et le global afin de faciliter l'accessibilité au reste du monde.

Mais quelles que soient les orientations envisagées, globalisation *versus* glocalisation, l'image de la PME totalement indépendante semble de plus en plus contestable. Il est désormais nécessaire de concevoir la PME au sein d'un système d'interdépendances plus ou moins fortes. Les régions gagnantes de demain seront celles qui auront réussi à réconcilier le local et le global, l'indépendant et l'interdépendant, la proximité et l'accessibilité. *Local and global,* voilà ce qui est le *must.*

A N N E X E S

Glossaire

Accords de Matignon : accords signés le 7 juin 1936 entre la CGT et le patronat à la suite de l'arrivée au pouvoir du Front populaire.

AIREPME : Association internationale de recherche en PME. Cette jeune association a vu le jour en 1996 et regroupe toute la communauté PMiste francophone. Elle organise tous les deux ans un colloque international (www. airepme.univ-metz.fr).

Approche intertypique : selon les adeptes de cette approche, il est possible d'élaborer une théorie générale des organisations en testant des hypothèses sur des échantillons hétérogènes. Quel que soit le type d'organisation, il est possible de dresser des invariants qui peuvent servir de base à une théorie générale des organisations. Cette approche implique de mesurer la taille de façon unique et standardisée. Par exemple, quelle que soit l'organisation, on mesurera la taille à l'aide du critère de l'effectif.

Approche intratypique : à l'inverse de l'approche intertypique, les adeptes de cette approche considèrent qu'une théorie des organisations est d'abord construite sur la base d'analyse portant sur un type donné d'organisation et ce n'est qu'ultérieurement qu'elle est testée et validée par réplication sur d'autres types d'organisation. La construction d'un échantillon d'entreprise doit respecter un minimum d'homogénéité. Puisque chaque type d'organisation présente des particularités, il est nécessaire de construire des critères sur mesure. Par exemple, la taille de l'organisation sera évaluée en termes de chiffre d'affaires dans le cas d'une entreprise privée, à l'aide du nombre de lits dans le cas d'un hôpital ou en fonction du nombre d'élèves pour un établissement scolaire.

Baby-multinationales : ce sont les firmes multinationales dont l'effectif total du groupe ne dépasse pas deux cent cinquante salariés. La baby-multinationale se caractérise par un faible nombre de filiales (moins de cinq) généralement de petite dimension chacune (moins de cinquante salariés).

Bolton (rapport ou commission) : du nom du professeur qui dirigea en 1971 l'une des plus vastes enquêtes jamais menées en Europe. Celle-ci, réalisée en Grande-Bretagne, fournit encore aujourd'hui les bases sur lesquelles se fondent les politiques britanniques d'aide et de soutien aux PME.

Capital-risque : forme de financement original qui associe un apporteur de capital (le capital-risqueur) et une PME souvent à forte capacité de croissance. Le financement par capital-risque se définit comme une participation minoritaire dans une PME non cotée et s'accompagne d'un suivi plus ou moins actif de la part du capital-risqueur. Cette forme de financement permet au dirigeant de PME, actionnaire majoritaire, de conserver son autonomie de décision.

Certification-qualité : afin d'éviter l'utilisation de produits défectueux dans le processus de production, les entreprises peuvent effectuer des contrôles à la réception d'un produit. Mais la multiplication de ces tests s'avère très onéreuse. Il est préférable dans ce cas que les entreprises adoptent une approche préventive en s'assurant de la capacité de leurs fournisseurs à produire de la qualité. Cette assurance peut être établie par des normes de certification-qualité (les normes ISO 9000) obtenues par le biais d'un organisme indépendant et qui constituent une garantie pour l'ensemble du marché de la capacité d'une entreprise à travailler en assurance qualité.

CGPME : Confédération générale des PME et du patronat réel. C'est le principal syndicat patronal des PME créé en octobre

1944 par Léon Gingembre. La CGPME regroupe aujourd'hui plus d'un million six cent mille entreprises du commerce, de l'industrie et des services.

Club des exportateurs : cette association loi 1901 réalise des missions à l'international (organisation de forum, séminaire de formation, recherche d'information…). Organisé sur une base régionale, ce club est un réseau principalement composé de PME. Il est un des acteurs du milieu internationalisant.

Dénaturation de la PME : processus par lequel une entreprise de petite taille tend à perdre les principales caractéristiques associées au concept de PME. Le concept de dénaturation signifie que le mode de gestion de certaines PME sort du cadre du paradigme de la spécificité de gestion (voir PME managériale).

Déséconomies (d'échelle, de champ, d'apprentissage) : principes selon lesquels l'augmentation de l'échelle de production, du nombre d'activités ou du volume de production accumulée occasionne une augmentation du coût de production unitaire d'un produit. Ces principes constituent les fondements de l'existence d'entreprises de petite taille.

District industriel : agglomération de petites entreprises très spécialisées et nouant entre elles des relations économiques et sociales très denses. On retrouve surtout ce type de production localisée en Italie. En France, les exemples les plus connus de districts sont l'Oyonnax (matière plastique), la vallée de l'Arve, le Choletais (décolletage)…

EDI (échange de données informatisé) : mise en place d'un système de communication entre diverses entreprises qui leur permet de s'échanger des informations et des documents (commandes, avis d'expédition, factures) en temps réel par le biais d'ordinateurs connectés grâce à des liaisons télématiques. L'EDI est particulièrement utilisé pour resserrer les liens de partenariats entre les fabricants et distributeurs.

Effet d'Egotrophie : phénomène qui traduit la prépondérance du rôle du dirigeant-propriétaire dans les PME et qui conduit parfois ce dernier à éprouver le sentiment d'être indispensable jusqu'à l'excès. Inclination d'un dirigeant de PME à tout ramener à sa propre personne.

Effet de grossissement : phénomène par lequel un événement voit son poids relatif augmenté du fait de la faible dimension. Le départ à la retraite d'un salarié d'une très grande entreprise est un événement mineur tandis que dans le cas d'une entreprise de dix salariés, c'est 10 % du personnel qu'il faut remplacer.

Effet de Microcosme : phénomène par lequel un dirigeant de PME tend à réduire son champ d'action et de réflexion à un périmètre relativement restreint. Le sentiment d'urgence, fréquent en PME, renforce ce phénomène.

Effet Papillon : cette expression imagée signifie pour les théoriciens du chaos que les battements d'ailes d'un papillon peuvent être la cause d'un ouragan. Il s'agit surtout d'insister sur la notion de système au sein duquel le moindre événement, même le plus anodin, a des répercussions, parfois catastrophiques, sur tous les éléments constitutifs de l'ensemble. Dans le cas de la PME, l'effet Papillon symbolise son extrême vulnérabilité face aux aléas de l'environnement. On dit généralement que la PME subit l'environnement tandis que la grande entreprise le façonne.

Entrepreneuriat *(entrepreneurship)* **:** l'Académie de l'entrepreneuriat, association pour la promotion de l'entrepreneuriat au sein du système éducatif (www.entrepreunariat. com) définit au sens large l'entrepreneuriat comme le champ couvrant tous les aspects de l'engagement de l'entrepreneur, tant professionnels que personnels qui apparaissent lors de la création de l'entreprise et tout au long du cycle de vie de celle-ci. Il s'étend aussi à la fonction sociétale de l'entrepreneur et à ses manifestations dans des contextes culturels variés.

Entrepreneur informel : on parle d'entrepreneurs informels surtout dans les économies en voie de développement où les entreprises ne sont pas toutes formelles et légalement constituées. Proche des « petits boulots », l'entrepreneur informel compense son manque de moyens par la débrouillardise et les relations personnelles, généralement issues d'une proximité ethnique ou clanique.

Entrepreneur schumpétérien : du nom de l'économiste autrichien Joseph Alois Schumpeter (1883-1950), qui insista sur l'importance de l'innovation dans les mécanismes de la croissance et sur le rôle de l'entrepreneur dont la fonction est de réformer ou de révolutionner les routines de production en exploitant une invention. L'entrepreneur schumpétérien est un agent du changement, un créateur permanent.

Essaimage : pratique de soutien qui consiste pour un groupe à inciter ses salariés à créer leur propre entreprise.

Glocalisation (théorie de la) : théorie avancée par les PMistes qui consiste à construire les bases de compétitivité sur les marchés globaux à partir d'une forte intégration entrepreneuriale dans le contexte local. La gestion du local au service de l'international est une nécessité pour les PME davantage dépendantes des ressources locales que leurs homologues de grande taille (voir Milieu internationalisant).

Hyperspécialisation : forte spécialisation qui débouche généralement sur une internationalisation précoce de l'entreprise. L'entreprise hyperspécialisée cherche généralement à satisfaire un besoin spécifique à l'aide d'une expertise (technologique ou artisanale) de pointe sur une niche microscopique à envergure mondiale.

ICSB : International Council of Small Business. C'est l'équivalent anglophone de l'AIREPME. Cette association est toutefois beaucoup plus vieille puisqu'elle organisera en l'an 2000 son quarante-cinquième congrès mondial annuel.

Juste-à-temps [JAT] (production en) : mode d'organisation de la production d'origine japonaise qui signifie que les composants d'un produit parviennent sur les lieux de leur utilisation au moment où ils sont nécessaires. Chaque étape du processus de production est accomplie « juste-à-temps » pour permettre la réalisation de la suivante, sans stockage excessif.

Milieu internationalisant : ensemble de facteurs qui favorisent l'internationalisation d'un territoire. La présence de firmes multinationales, de formations en management international, de sociétés de conseil en management international, l'existence d'organismes consulaires, publics, parapublics, privés destinés à favoriser l'action internationale (par exemple, le service extérieur d'une CCI), sont autant de facteurs qui influencent positivement l'internationalisation du tissu entrepreneurial local (voir Théorie de la glocalisation).

Mittelstand : mot germanique, qui signifie littéralement classe moyenne. C'est une des particularités du capitalisme rhénan. Le *Mittelstand* est constitué par les moyennes entreprises. Ces entreprises sont parfois qualifiées de champions cachés. Elles constituent le pilier de l'économie sociale de marché allemande.

Modèle séquentialiste : élaboré par les chercheurs suédois de l'école d'Uppsala, ce modèle montre que les PME qui exportent privilégient d'abord les pays les plus proches géographiquement puis les plus proches psychologiquement. Ce modèle repose sur la notion de distance psychique qui se définit comme un indicateur de mesure du rapprochement ou de l'éloignement entre deux pays selon diverses dimensions comme la langue, la monnaie, le développement économique, la culture…

« Patronat réel » : définition donnée par Léon Gingembre, fondateur de la CGPME. C'est le patron qui engage dans son entreprise tout son avoir financier, qui exerce des fonctions réelles et uniques de responsabilité de gestion, qui met en jeu son savoir et, en cas d'échec, son honneur. Le patronat réel se distingue du patronat de gestion, c'est-à-dire du patron qui dirige une entreprise qui ne lui appartient pas, comme cela est souvent le cas dans les grandes entreprises.

PME managériale : la PME managériale se définit comme l'antithèse de la PME classique. C'est une entreprise de petite taille dont le mode de gestion se rapproche de celui de la grande entreprise. Elle privilégie la décentralisation, la formalisation, la mise en place de procédures, la planification… Du fait de son haut niveau de gestion, son intégration dans un milieu à dominante culturelle managériale est grandement facilitée. Ce qui fait de ces PME des partenaires prisés ou des cibles idéales pour les grands groupes.

PMistes : spécialistes de l'économie et du management des PME. Les PMistes sont aussi bien des chercheurs qui s'intéressent à la PME que des praticiens dont le métier est exclusivement centré sur les PME par exemple les organismes bancaires pour les PME, les organismes de formation spécialisés, les cabinets de conseil, les journalistes de quotidiens spécialisés…. On peut véritablement parler d'un marché de la PME.

Portage (*piggy-back* en anglais) : coopération entre une grande entreprise qui met à la disposition d'une PME son réseau de distribution à l'étranger. De grandes entreprises françaises comme EDF développent régulièrement ce type de service.

Recommandation européenne : cette recommandation de la Commission européenne du 3 avril 1996 constitue la première tentative d'harmonisation d'une définition de la PME à l'échelle des pays membres de l'Union européenne. Les PME sont définies comme étant des entreprises :
– employant moins de deux cent cinquante personnes ;
– dont, soit le chiffre d'affaires annuel n'excède pas quarante millions d'euros, soit le total du bilan annuel n'excède pas vingt-sept millions d'euros ;
– et qui respectent le critère d'indépendance, c'est-à-dire dont le capital ou les droits de vote ne sont pas détenus à plus de 25 % par une ou plusieurs grandes entreprises.

SBA : Small Business Act ou Administration. Cette administration n'a pas d'équivalent en France. On pourrait toutefois la rapprocher du secrétariat d'État à la PME.

Socialisme de marché : transition des économies planifiées vers une économie où le marché retrouve une fonction plus importante.

Système de responsabilité : système original de location d'entreprise mis en place en Chine populaire, le plus souvent dans le secteur agricole.

Théorie des interstices : cette théorie énoncée par Edith Penrose stipule que les PME peuvent profiter durablement des opportunités engendrées par les mutations technologiques qui créent sans cesse des « interstices », c'est-à-dire des marchés étroits délaissés par les grandes entreprises.

UDCA : Union de défense des commerçants et artisans. Parti politique créé par Pierre Poujade qui a connu une ascension rapide dans les années 50 avant de disparaître. Le terme poujadisme est aujourd'hui employé pour désigner un comportement corporatiste et conservateur.

Veille technologique et commerciale : capacité d'une entreprise à s'informer sur les évolutions technologiques et commerciales dans son secteur d'activité. Cette veille peut se faire soit de façon implicite et sporadique (c'est le cas dans de nombreuses PME), soit de façon formelle et organisée (certains groupes industriels disposent d'un service d'intelligence économique).

Zaïbatsus : les zaïbatsus sont des conglomérats japonais qui regroupent sous le contrôle d'une société holding des activités industrielles diverses, des banques, des compagnies d'assurances et des sociétés de commerce (les Sogo Shoshas). Ce sont des groupes peu intégrés qui ont largement recours à la sous-traitance auprès d'entreprises de plus petite taille, avec lesquelles ils entretiennent des relations stables et durables.

Table des références

p. 15 : DUCHÉNEAUT, B., *Les Dirigeants de PME,* Maxima Laurent Du Mesnil, 1996, 516 p.

p. 18 : BIANCHI, R., « Pour une lecture politico-institutionnelle du modèle industriel italien et en particulier de la forte présence de PME », *Revue internationale PME,* vol. IX, n° 2, p. 103-123, 1996.

p. 20 : GILDER, G., *Richesse et pauvreté,* Albin Michel, 1981, 333 p.

p. 22 : JULIEN, P.-A. et MOREL, B., *La Belle Entreprise. La revanche des PME en France et au Québec,* Boréal, 1986, 237 p.

p. 23 : LECLERC, Y., « Les fournisseurs/sous-traitants japonais : quasi-ateliers ou partenaires de leurs donneurs d'ordres ? », *Revue internationale PME,* vol IV, n° 2, 1991, p. 137-162.

p. 25 : « Les PME dans les pays de l'Est », *Revue internationale PME,* vol. V, n° 1, 1992, éditorial de Sergio Conti.

p. 26 : YU, H., « Décision d'investissement des petites entreprises chinoises dans un système de responsabilité », *Revue internationale PME,* vol. VI, n° 1, 1993, p. 11-27.

p. 27 : SU, Z. et CANIPELLE, E., « Les particularités et le fonctionnement des microentreprises informelles à Cuba », *Revue internationale PME,* vol. X, n° 1, 1997, p. 123-141.

p. 29 : BARTA, G. et POSZMIK, E., « Processus de désagrégation du système des grandes entreprises nationales en Hongrie », *Revue internationale PME,* vol. V, n° 1, 1992, p. 63-75.

p. 30-31 : « Le financement des PME dans les pays en voie de développement », *Revue internationale PME,* vol. V, n° 3-4, 1992, éditorial de Bruno Ponson.

p. 32-33 : HERNANDEZ, E. M., « La logique de gestion de l'entreprise du secteur informel », *Revue française de gestion,* n° 103, mars-avril-mai 1995, p. 66-75.

p. 40 : MARCHESNAY, M., « La PME : une gestion spécifique? » *Économie rurale,* n° 206, 1991, p. 11-17.

p. 45 : PARADAS, A. et TORRÈS, O., « Les politiques de formation de PME françaises de classe mondiale », *Revue internationale PME,* vol. IX, n° 2, 1996, p. 7-35.

p. 48 : KIMBERLY, J. R., « Organizational size and the structuralist perspective : a review, critique and proposal », *Administrative Science Quaterly,* vol. XXI, 1976, p. 571-597.

p. 49 : DESREUMAUX, Λ., *Structure d'entreprise,* Éditions Vuibert-Gestion, 1992, 334 p.

p. 50-51 : GREINER, L. E., « Evolution and revolution as organizations grow », *Harvard Business Review,* juillet-août 1972, p. 37-46.

p. 54 : MAHÉ DE BOISLANDELLE, H., *Gestion des ressources humaines dans les PME,* Economica, 2ᵉ éd., 1998, 322 p.

p. 64 : GERVAIS, M., « Pour une théorie de l'organisation PME », *Revue française de gestion,* n° 15, 1978, p. 37-49.

p. 65 : JULIEN, P.-A. et MARCHESNAY, M. (sous la dir. de), *La Petite Entreprise,* Éditions Vuibert, 1988, 288 p.

p. 67-68 : MINTZBERG, H., *Structure et dynamique des organisations,* Éditions d'Organisation, 434 p.

p. 69 : GREPME, *PME : bilan et perspectives,* Economica, 1994, 352 p.

p. 72 : CREVOISIER, O. et WERMEILLE, I., « Structures spatiales différenciées de financement des grandes entreprises et des PME régionales », *Congrès international francophone PME 96,* Québec Trois-Rivières, t. II, p. 694-705.

p. 74 : MICHUN, S., *Phénomènes de proximité et petites entreprises,* 39e conférence mondiale de l'ICSB, Strasbourg, 1994.

p. 74 : HU, D. *PME et développement local en France et en Chine,* thèse de doctorat, université Paul-Valéry, Montpellier, 1998.

p. 84 : REICH, R., *L'Économie mondialisée,* Dunod, 1993.

p. 84 : VELTZ, P., *Mondialisation, villes et territoires. L'économie d'archipel,* PUF, coll. « Économie en liberté », 1996.

p. 84-85 : PORTER, M., *L'Avantage concurrentiel des nations,* Interéditions, 1993.

p. 85 : SACHWALD, F., *L'Europe et la mondialisation,* Flammarion, coll. « Dominos », 1997.

p. 89 : REICH, R., *L'Économie mondialisée, op. cit.*

p. 96 : ROMANO, J., *La Modernisation des PME,* PUF, 1995.

p. 97-98 : DEBRAY, C., LEYRONAS, Ch., MESSEGHEM, K., PUTHOD, D., STEPHANY, E., « Comprendre de nouvelles pratiques en PME », in *PME : de nouvelles approches* (sous la coordination de O. TORRÈS), Economica, 1998.

p. 103 : DESHAIES, L., JULIEN, P.-A., JOYAL, A., « Le recours au milieu par les PME québécoises exportatrices », *Revue canadienne des sciences régionales,* vol. XV, n° 2, 1992.

p. 103 : FUGUET, J.-L., PEGUIN, D., RENARD, M.-F. et RICHEZ-BATTESTI, N., *L'Impact de la contrainte extérieure sur des zones d'activité urbaines ou locales,* rapport final de la DATAR, CEFI, 1986.

p. 103 : LÉO, P.-Y., MONNOYER-LONGÉ, M.-C. et PHILIPPE, J., *Stratégies internationales des PME,* Economica, 1990.

p. 104 : WACKERMAN, G., *De l'espace national à la mondialisation,* Ellipses, 1995.

p. 107-108 : FOURCADE, C., « Gouvernement territorial et district industriel : l'exemple de Montpellier », *Revue internationale PME,* vol. VI, n° 1, 1993.

p. 112 : DUCHÉ, G., « Le système productif local de Lodz et sa région. Un milieu entrepreneurial peu coordonné », *CEASH,* n° 17, Montpellier III, 1998.

Bibliographie

Sur le thème de la gestion de la PME

BIZAGUET, A., *Les Petites et Moyennes Entreprises,* PUF, 2ᵉ éd., 1993.

BOUTILLIER, S. et UZUNIDIS, D., *L'Entrepreneur, une analyse socio-économique,* Economica, 1995.

CAMILLERI, J.-L., *La Petite Entreprise africaine : mort ou résurrection?,* L'Harmattan, 1996.

DUCHÉNEAUT, B., *Enquête sur les PME françaises,* Maxima Laurent Du Mesnil, 1995.

FOURCADE, C., *Petite Entreprise et développement local,* ESKA, 1991.

GREPME, *PME : bilan et perspectives,* Economica, 1994.

JULIEN, P.-A. et MARCHESNAY, M. (sous la dir. de), *La Petite Entreprise,* Vuibert, 1988.

JULIEN, P.-A., LÉO, P.-Y. et PHILIPPE, J. (sous la dir. de), *PME et grands marchés ; PME québécoises et françaises face à l'ALENA et au Marché unique,* L'Harmattan, 1995.

LÉO, P.-Y., MONNOYER-LONGÉ, M.-C. et PHILIPPE, J., *Stratégies internationales des PME,* Economica, 1990.

MAGLIULO, B., *Les Petites et Moyennes Entreprises,* Hatier, 1985.

MAHÉ DE BOISLANDELLE, H., *Gestion des ressources humaines dans les PME,* Economica, 2ᵉ éd., 1998.

BIBLIOGRAPHIE

MARCHESNAY, M. et FOURCADE, C. (sous la dir. de), *Gestion de la PME-PMI,* Nathan, 1997.

PRAS, B. et BOUTIN, A. (coordonné par), *Les Euro-PMI,* Economica, 1995.

SCHUMACHER, E. F., *Small is beautiful : une société à la mesure de l'homme,* Le Seuil, 1978.

TORRÈS, O. (sous la coordination de), *PME : de nouvelles approches,* Economica, 1998.

WTTERWULGHE, R., *La PME, une entreprise humaine,* De Boeck Université, 1998.

Pour se tenir au courant de l'actualité des PME

Les magazines *Défi, Challenges* et *PMI France* proposent chaque mois de très nombreux exemples et reportages sur l'activité économique et sociale des PME. Pour l'international, on se rapportera au *MOCI (Le Moniteur du commerce international)* et sur la toute récente revue *Réussir à l'étranger,* le magazine de la mobilité internationale. Pour des motifs de recherche, on pourra aussi consulter la principale revue scientifique francophone qui paraît tous les trimestres, la *Revue internationale PME* ou prendre contact avec l'Association internationale de recherche en PME (3351, boulevard des Forges, CP 500, Trois-Rivières, Québec, Canada, G9A 5H7). Enfin, pour les passionnés de chiffres et de statistiques, l'Observatoire européen des PME, créé en 1992 par la Commission européenne, et qui a pour mission de scruter systématiquement la situation des PME, publie un rapport annuel depuis 1993.

125

Index

Photo de couverture : A l'image du roseau, la PME est parfois mieux armée que la très grande entreprise pour résister aux périodes de crises, grâce à sa souplesse et à sa flexibilité.© J.-L. Charmet.

Achevé d'imprimer en avril 1999
sur les presses de
l'Imprimerie Hérissey à Évreux
N° d'éditeur : FC 559501
N° d'imprimeur : 83694
Dépôt légal : Mai 1999